DER SCHUTZSCHIRM DER AMERIKANISCHEN MACHT

Noam Chomsky

DER SCHUTZ-SCHIRM DER AMERIKANISCHEN MACHT

Die Widersprüche der US-Politik zur Allgemeinen Erklärung der Menschenrechte

Aus dem Amerikanischen von
Sven Wunderlich

Lowell Factory Books

1. Auflage 2013

info@lowellfactorybooks.de

Titel der amerikanischen Originalausgabe:
The Umbrella of U.S. Power –
The Universal Declaration of Human Rights and the
Contradictions of U.S Policy

1999 erschienen bei Seven Stories Press, New York
Aus der *Open Media Pamphlet Series*

Satz und Umschlagdesign: Lowell Factory Books
Druck und Bindung: CPI, Ebner & Spiegel, Ulm

Abbildungen des Umschlags:
Die Erde, aufgenommen von Apollo 17 während ihres Flugs
zum Mond am 7. Dezember 1972
Das Universum durch das Hubble-Teleskop

ISBN: 978-3-9814496-1-7

INHALT

Beeindruckende Rhetorik

Die am 10. Dezember 1948 beschlossene Allgemeine Erklärung der Menschenrechte war ein Fortschritt im langsam zunehmenden Schutz der Menschenrechte. Das entscheidende Prinzip dieser Rechte ist ihre Allgemeingültigkeit – ihre Bestimmungen gelten für jeden gleichermaßen. Sie liefern keine moralische Grundlage für "relativistische Haltungen", die nach Belieben selektieren und den eigenen Interessen dienen, und noch weniger stützen sie jene höchst niederträchtige Form des Relativismus,* die die Menschenrechte in eine Waffe verwandelt, um sie gegen bestimmte Feinde in die Schlacht zu führen.

Der fünfzigste Jahrestag der Allgemeinen Menschenrechte war eine willkommene Gelegenheit, um über solche Fragen nachzudenken und Schritte hin zur Stärkung dieser Menschenrechtsprinzipien zu unternehmen, die von allen Nationen der Welt – zumindest rhetorisch – gutgeheißen werden. Doch der Abgrund, der zwischen Worten und

---

* Mit "Relativismus" ist hier eine Art Täuschungsmanöver gemeint: Eine Nation fordert andere Nationen oder Menschen zur Befolgung moralischer Prinzipien auf, die sie selbst nicht einhält, aber einzuhalten vorgibt. (Anm. d. Übers.)

Handlungen klafft, bedarf keines Kommentars. Die Jahresberichte der führenden Menschenrechtsorganisationen liefern mehr als reichlich Zeugnisse. An beeindruckender Rhetorik mangelt es nicht. Man müsste schon an entlegenen Orten suchen, um ein Land zu finden, dessen Führer und Intellektuellen die Prinzipien der Allgemeinen Menschenrechte nicht lautstark gutheißen würden und erbittert diejenigen verurteilen, die sie verletzen. Doch fällt auf, dass diese Führer und Intellektuellen sich selbst, ihre Verbündeten und ihre Auftraggeber von dieser Verurteilung ausnehmen.

Globale Wohltaten

Ich möchte meine Aufmerksamkeit in diesem Buch auf ein einziges Land der Erde richten: auf den mächtigsten Staat der Welt, der zugleich über die stabilsten und beständigsten demokratischen Institutionen verfügt und auf allen Gebieten in beispielloser Weise überlegen ist – einschließlich seiner Wirtschaft und Sicherheit. Im Laufe des halben Jahrhunderts, seit die Allgemeinen Menschenrechte (theoretisch) in Kraft sind, war der weltweite Einfluss dieses Staates unübertroffen. Lange war er das beste Modell für eine soziale und politische Ordnung, in der die Grundrechte hochgehalten werden. Und gewöhnlich wird er, im Inland wie im Ausland, als Anführer im Kampf für Menschenrechte, Demokratie, Freiheit und Gerechtigkeit gefeiert. Gewisse Meinungsverschiedenheiten verbleiben einzig, was die Politik dieses Staates anbelangt: An einem

Extrem des Meinungsspektrums drängen die "Idealisten à la Wilson"* darauf, der traditionellen Mission, Freiheit und Menschenrechte auf der gesamten Welt voranzubringen, verpflichtet zu bleiben. Die "Realisten" entgegnen ihnen, Amerika könnte es möglicherweise an den Mitteln fehlen, um diesen Kreuzzug der "globalen Verbesserung" in die Tat umzusetzen: Im Dienst für andere sollten die Vereinigten Staaten ihre eigenen Interessen nicht vernachlässigen. Wenn wir "unsere Außenpolitik praktisch ausschließlich vom Idealismus diktieren lassen", gehen wir zu weit, warnen ranghohe Regierungsvertreter, unter der Zustimmung zahlreicher Wissenschaftler und Politikbeobachter.[1] Innerhalb dieses Meinungsspektrums liegt "der Weg zu einer besseren Welt."

Um die wahre Bedeutung der verkündeten Prinzipien zu erkennen, müssen wir natürlich hinter die rhetorischen Ausschmückungen und öffentlichen Reden schauen und die Realität in Augenschein nehmen. Die Gegenstände unserer Untersuchung müssen mit Sorgfalt gewählt werden, damit wir ein unparteiisches Bild erhalten. Ein nützlicher Ansatz wäre, die zu "Extremfällen" erklärten Beispiele zu untersuchen und zu sehen, ob sie einer genauen Prüfung standhalten. Als weitere Möglichkeit könnten wir solche Geschichtsereignisse in Augenschein nehmen, bei denen

---

* Zum Idealismus Präsident Wilsons: Dieser schuf "das *Committee on Public Information,* die erste US-amerikanische staatliche Propagandaagentur" (vgl. Chomsky, Profit Over People, S. 68). "Wilsons *Red Scare*-Kampagne verfolgte die Sozialisten mit brutaler Gewalt, aber die Anarchisten wurden ermordet" (Chomsky, Eine Anatomie der Macht, S. 254). (Anm. d. Übers.)

der Einfluss der Vereinigten Staaten am größten war und die geringsten Hindernisse im Weg standen. So können wir die vorherrschenden Prinzipien in ihrer reinsten Form erkennen. Möchten wir herausfinden, was die Sowjetunion unter Menschenrechten und Demokratie verstand, beachten wir kaum, dass die *Prawda* (eine sowjetische Zeitung) den Rassismus in den Vereinigten Staaten und den Staatsterrorismus in US-amerikanischen Satellitenstaaten verurteilt; noch weniger Beachtung schenken wir der Vorgabe edler Absichten. Viel aufschlussreicher ist die Situation in den "Volksdemokratien" Osteuropas. Diese Einsicht ist ganz entscheidend und gilt allgemein. Was die Vereinigten Staaten betrifft, so ist das "Untersuchungsgebiet" für den "Extremfall" eindeutig die westliche Welt, besonders die Region Mittelamerikas und der Karibik, wo Washington fast ein Jahrhundert lang auf wenige äußere Widerstände stieß. Nicht uninteressant ist die Tatsache, dass derartige Untersuchungen nur selten vorgenommen werden, und wenn doch, als extremistisch oder Schlimmeres gebrandmarkt werden.

Die stillschweigende Übereinkunft

Bevor wir die vorherrschende Bedeutung der Allgemeinen Menschenrechte beleuchten, könnte es nützlich sein, einige Beobachtungen von George Orwell in Erinnerung zu rufen. Im Vorwort zu *Animal Farm** betrachtete Orwell

* dt. Farm der Tiere (Anm. d. Übers.)

Gesellschaften, die relativ frei von staatlichen Kontrollen sind – anders als die totalitären Monster, die er satirisch darstellte. “Die düstere Wahrheit über die Buchzensur in England ist”, so schrieb er, “dass sie größtenteils freiwillig erfolgt. Unliebsame Meinungen können zum Schweigen gebracht und unangenehme Tatsachen unter Verschluss gehalten werden, ohne dass ein offizielles Verbot nötig wäre.” Die Gründe dafür untersuchte er nicht näher, sondern bemerkte nur, dass die Presse kontrolliert werde von “reichen Männern, die allen Grund haben, in wichtigen Dingen die Unwahrheit zu sagen”, was in Verbindung mit der “stillschweigenden Übereinkunft der Mehrheit”, die durch gute Erziehung eingeflößt wird, “dazu führt, dass man ebendiese Tatsache lieber nicht erwähnt.” Die Folge ist, dass “jeder, der die herrschende Orthodoxie in Frage stellt, mit erstaunlicher Wirksamkeit zum Schweigen gebracht wird.”

Wie als Veranschaulichung seiner Worte blieb Orwells Vorbemerkung 30 Jahre lang unveröffentlicht.[2]

Was den hier zur Diskussion stehenden Fall betrifft, so fasst Michael Howard, der renommierte Historiker von Oxford und Yale, die “herrschende Orthodoxie” treffend zusammen: “200 Jahre lang haben die Vereinigten Staaten die ursprünglichen Ideale der Aufklärung fast unbefleckt bewahrt (...) insbesondere die universelle Gültigkeit dieser Werte.” Und doch haben die Vereinigten Staaten “nicht den Platz in der Welt inne, den sie aufgrund ihrer Erfolge, ihrer Großzügigkeit und Gutmütigkeit seit dem Zweiten Weltkrieg verdient hätten.”[3] Die Geschichte der Vereinigten Staaten ist also unbefleckt vom Umgang mit “dieser unglückseligen Rasse eingeborener Amerikaner, die wir mit so erbarmungsloser und hinterhältiger Grausamkeit ausrotten” (John Quincy Adams[4]); sie ist unbefleckt vom Schicksal jener Sklaven, die für billige Baumwolle sorgten, wodurch die industrielle Revolution ermöglicht wurde – was nicht gerade durch die Kräfte des Marktes geschah; unbefleckt von den entsetzlichen Grausamkeiten, die die Vereinigten Staaten einmal mehr in ihrem “Hinterhof”* anrichteten, während Loblieder angestimmt wurden; und unbefleckt vom Schicksal der Bevölkerungen der Philippinen, Haitis, Vietnams und einiger anderer Länder, deren Wahrnehmung womöglich etwas anders ausfällt.

Der Marshall-Plan

Das beliebteste Beispiel für “Großzügigkeit und Gutmütigkeit” ist der Marshall-Plan, der eine Untersuchung nach dem Prinzip des “Extremfalls” verdient. Unsere Analyse führt uns auch hier rasch zu Tatsachen, “die man lieber nicht erwähnt.” Etwa die folgende: “Als der Marshall-Plan auf Hochtouren lief, entsprach die Summe an Dollar, die nach Frankreich und in die Niederlande gepumpt wurde, ungefähr der Geldmenge, welche aus den Schatzkammern dieser Länder abgezogen wurde, um deren Expeditionsstreitmächte in Südostasien zu finanzieren”, was zu entsetzlichen Verbrechen führte.[5] Oder die Tatsache, dass

* in Mittelamerika (Anm. d. Übers.)

Europa unter dem Einfluss der Vereinigten Staaten in bestimmter Weise rekonstruiert wurde* – nicht gerade eben so, wie die antifaschistische Widerstandsbewegung es sich vorgestellt hatte, doch zur allgemeinen Zufriedenheit der nazistischen und faschistischen Kollaborateure.†

Auch erwähnt man lieber nicht, dass die Großzügigkeit vornehmlich von amerikanischen Steuerzahlern zugunsten der Privatwirtschaft erwiesen wurde, die recht dankbar war und Jahre später eingestand, dass der Marshall-Plan "den Weg für umfassende private US-Investitionen direkt nach Europa ebnete"[6] und damit den Grundstein für die modernen transnationalen Konzerne legte, die "durch die

---

* nach dem 2. Weltkrieg (Anm. des Übers.)

† Vgl. dazu Noam Chomsky, Eine Anatomie der Macht, S. 211-215. "Es handelte sich um die erste große Nachkriegsoperation der Vereinigten Staaten, bei der es darum ging, überall auf der Welt den antifaschistischen Widerstand zu zerschlagen und mehr oder weniger faschistische Strukturen zu restaurieren und faschistische Kollaborateure an die Macht zurückzubringen (…) Das erste Kapitel der Nachkriegsgeschichte handelt davon, wie wir die italienischen, französischen und japanischen Gewerkschaften in die Knie zwangen und die sehr reale Drohung einer bevölkerungsnahen Demokratie, deren Idee nach 1945 weltweit verbreitet war, beseitigten (…) Der Hauptgrund für die – vom Westen initiierte – Teilung Deutschlands nannte George Kennan, einer der wichtigsten Architekten der Nachkriegsordnung, bereits 1946: Wir müssten, sagte er, Westdeutschland gegen die Ostzone 'abschirmen' [to wall off], weil die Gefahr bestehe, dass sich eine machtvolle kommunistische Bewegung entwickelt (…) Um die Widerstandsbewegung in Griechenland zu vernichten und die Nazi-Kollaborateure an die Macht zurückzubringen, wurde ein Krieg angezettelt, bei dem an die 160.000 Menschen getötet und 800.000 vertrieben wurden, wovon sich das Land bis heute nicht erholt hat." (Anm. d. Übers.)

Befolgung der Befehle aus Übersee florierten und wuchsen (…) ursprünglich angetrieben durch die Gelder des Marshall-Plans" und vor "Fehlentwicklungen" geschützt durch "den Schutzschirm der amerikanischen Macht."[7] Zudem "war die Hilfe des Marshall-Plans entscheidend, um den Kapitalfluss von Europa in die Vereinigten Staaten auszugleichen", ein Punkt, dem sich "die politischen Entscheidungsträger Amerikas in der Tat sehr deutlich bewusst waren" und es vorzogen, dass "reiche Europäer" ihr Geld New Yorker Banken zukommen ließen, weil sich "die gemeinschaftliche Kontrolle des Kapitals für die amerikanische Bankenwelt als inakzeptabel erwiesen hatte." "Die ungeheuren Ausmaße der Hilfe des Marshall-Plans spiegelten demzufolge nicht so sehr die Ressourcen wider, welche zum Wiederaufbau Europas benötigt wurden (…) sondern vielmehr die Geldmenge, die nötig war, um die 'Massenbewegungen des ängstlich flüchtenden Kapitals' auszugleichen", wie führende Ökonomen vorhergesagt hatten. Dieser Kapitalfluss war offensichtlich *größer* als die Hilfe des Marshall-Plans, die von amerikanischen Steuerzahlern erwiesen wurde und letztlich an "reiche Europäer" und New Yorker Banken floss.[8]

Auch hier ist wieder interessant, dass Gedanken über die Hintergründe des Marshall-Plans "mit erstaunlicher Wirksamkeit zum Schweigen gebracht wurden", während der fünfzigste Jahrestag dieses beispiellosen Aktes der Großzügigkeit und des guten Willens gefeiert wurde. Das ist das extremste Beispiel, das die Bewunderer der "globalen Verbesserung" seitens des mächtigsten Staats der Welt vorgebracht haben, und infolgedessen ist es für die hier betrachteten Fragen von direkter Bedeutung.

Das Investitionsklima verbessern

Die "vorherrschende Orthodoxie" ist in Ländern, in denen sie deutlich zutage tritt, bisweilen genauen Prüfungen unterzogen worden. Lars Schoultz, der führende akademische Experte für Menschenrechte in Lateinamerika, fand heraus, dass die US-Entwicklungshilfe "tendenziell in unverhältnismäßig hohem Maße an lateinamerikanische Regierungen geflossen ist, die ihre Bürger foltern (...) an die entsetzlichsten Verletzer grundlegender Menschenrechte." Die US-Hilfe ist unabhängig vom Bedarf, schließt auch Militärhilfe mit ein und durchzieht die gesamte Regierungszeit Carters.[9] Weitergehende Untersuchungen des Ökonomen Edward Herman deckten weltweit einen ähnlichen Zusammenhang auf und legten außerdem eine einleuchtende Ursache nahe: Die US-Hilfe steht mit einer Verbesserung des Investitionsklimas in Zusammenhang. Diese Verbesserung wird häufig erreicht durch die Ermordung von Priestern und Gewerkschaftsführern, durch Massaker an Bauern, die sich zu organisieren versuchen, durch die Zerstörung der unabhängigen Presse und ähnliche Methoden. Die Folge ist ein indirekter Zusammenhang zwischen der US-Hilfe und einer ungeheuren Verletzung der Menschenrechte. Es ist nicht etwa so, dass die Führer Amerikas die Folter bevorzugen würden; vielmehr haben Menschenrechte weniger Gewicht als bedeutendere

Werte. Diese Untersuchungen stammen aus einer Zeit vor Reagan, in dessen Regierungsjahren es sich nicht einmal lohnt, diese Fragen überhaupt zu stellen.[10]

Die "stillschweigende Übereinkunft der Mehrheit" hält auch diese Zusammenhänge "im Dunkeln" und führt dazu, dass die Erinnerung von "unangenehmen Tatsachen" reingewaschen wird.

Die Allgemeinen Menschenrechte sind der natürliche Ausgangspunkt, um Nachforschungen über Washingtons Verteidigung der "universellen Werte [der Aufklärung]" anzustellen. Die Allgemeinen Menschenrechte werden gewöhnlich als Maßstab für die Menschenrechte anerkannt, und zudem haben amerikanische Gerichte ihre Urteile mit der "international geltenden Rechtsprechung begründet, welche auf den Allgemeinen Menschenrechten basiert und durch sie definiert ist."[11]

Das "dreckige Dutzend"

Als im Juni 1993 die Weltkonferenz der Menschenrechte in Wien tagte, gerieten die Allgemeinen Menschenrechte in den Fokus großer Aufmerksamkeit. Eine Titelstory der *New York Times* ließ verlauten: "In den Gesprächen von Wien beharren die Vereinigten Staaten darauf, dass die Allgemeinen Menschenrechte für jeden gelten müssen." Washington warnte davor, "dass es sich jedem Versuch widersetzen würde, religiöse oder kulturelle Traditionen heranzuziehen, um die Idee der Allgemeinen Menschenrechte zu schwächen", wie Elaine Sciolino berichtete. Die

US-Delegation wurde angeführt von Außenminister Warren Christopher, "der in der Regierung Carter als stellvertretender Außenminister die Menschenrechte gefördert hatte." Eine "entscheidende Absicht" seiner Rede, "die als erste bedeutende politische Stellungnahme der Regierung Clinton über Menschenrechte angesehen wurde", war "die Verteidigung der Universalität der Menschenrechte", wodurch er die Forderungen der Befürworter des "kulturellen Relativismus" in die Schranken verwies. Christopher erklärte, dass "die aggressiven Nationen dieser Welt und diejenigen, die die Verbreitung von Waffen fördern, die schlimmsten Menschenrechtsverletzer sind." Er betonte, dass "die Allgemeingültigkeit der Menschenrechte eine einzige Richtlinie für annehmbares Verhalten auf der ganzen Welt festlegt, eine Richtlinie, die Washington auf alle Nationen anwenden würde." Er sagte: "Die Vereinigten Staaten werden sich niemals mit denen verbünden, die die Allgemeinen Menschenrechte verletzen", und werden ihre Universalität gegen alle verteidigen, die daran festhalten, "dass die Menschenrechte in nichtwestlichen Kulturen anders interpretiert werden sollten." Das gelte besonders für das "dreckige Dutzend", das ihm nicht genehme Teile der Allgemeinen Menschenrechte ablehnt.[12]

Washingtons Entschiedenheit obsiegte. Die Länder des Westens "waren erleichtert, dass ihre schlimmsten Ängste – die Ablehnung der Grundregelungen der Allgemeinen Menschenrechtserklärung von 1948 – nicht Wirklichkeit werden würden." Die "relativistischen Angriffe" wurden zurückgeschlagen, und die Konferenz verkündete: "Die universelle Natur dieser Rechte und Freiheiten steht außer Frage."[13]

Der führende Waffenhändler

Manche Fragen blieben unberührt. Wenn "die aggressiven Nationen dieser Welt und diejenigen, die die Verbreitung von Waffen fördern, die schlimmsten Menschenrechtsverletzer sind", welches Urteil sollen wir uns dann über den führenden Waffenhändler der Welt bilden, der zur Zeit der Konferenz mehr als die Hälfte der Waffenverkäufe an die Dritte Welt tätigte, größtenteils an brutale Diktaturen? Während Christophers Amtszeit wurde diese Politik weiter forciert und eifrige Anstrengungen unternommen, die öffentlich subventionierten Waffenverkäufe – die 96 Prozent der Bevölkerung ablehnen, die von der High-Tech-Industrie jedoch in hohem Maße unterstützt werden – noch zu mehren. [14] Und welches Urteil sollen wir uns über Großbritannien und Frankreich, die Mitstreiter Amerikas, bilden, die sich unter anderem durch die Belieferung indonesischer und ruandischer Massenmörder ausgezeichnet haben?[15]

Die Subventionen fließen nicht nur an die "Händler des Todes." Während ein Sprecher des US-Raumfahrtindustrieverbands die durch die Erweiterung der NATO entstandenen neuen Zukunftsaussichten für die Waffenverkäufe feierte, sagte er, dass die neuen Märkte (die nach seiner Schätzung 10 Milliarden Dollar allein für Kampfjets umfassen) auch Elektronik, Kommunikationssysteme und anderes beinhalten, was für die gesamte High-Tech-Industrie ein "hübscher Gewinn" sei. Die US-Regierung fördert Exporte mit Zuschüssen, Nachlasskrediten und anderen Mitteln, um die Umwandlung öffentlicher Mittel in private Profite innerhalb der Vereinigten Staaten voranzutreiben. Währenddessen werden die "Übergangswirtschaften" des ehemaligen Sowjetimperiums in Ökonomien mit höheren Militärausgaben verwandelt, und nicht in Ökonomien mit Sozialausgaben, was die dortigen Bevölkerungen bevorzugen würden (wie die *U.S. Information Agency* berichtet). Andernorts ist die Situation ziemlich ähnlich.[16]

US-Terrorkriege

Wenn aggressive Staaten "die schlimmsten Verletzer" der Menschenrechte sind, was ist dann mit dem Land, das für seine "illegale Gewaltanwendung" in seinem Terrorkrieg gegen Nicaragua vor dem Internationalen Gerichtshof zur Anklage stand?[17] Was ist mit der Nation, die sich herablassend einem Beschluss des Sicherheitsrats widersetzte, der alle Nationen zur Beachtung international geltenden Rechts aufruft? Und was ist mit dem Land, das in derselben verachtenden Weise wiederholte Gesuche der Generalversammlung zurückweist?[18] Gilt dieses strenge Urteil auch für das Land, das die Ära nach dem Kalten Krieg damit eröffnete, dass es Panama angriff? Die Menschenrechtskommission der dort eingesetzten Satellitenregierung erklärte vier Jahre später, dass Panamas Recht auf Selbstbestimmung und Souveränität noch immer durch den "Besatzungszustand durch eine ausländische Armee" verletzt werde, und sie verurteilte die anhaltenden Menschenrechtsverletzungen.[19] Ich verzichte an diesem Punkt auf extremere Beispiele wie die amerikanischen Angriffe auf Südvietnam in den Jahren 1961 und 1962. Dort ging die Regierung Kennedy zu offener Gewalt über, nachdem sie in Südvietnam einen Terrorstaat à la Lateinamerika unterhalten hatte. Bis auf den heutigen Tag "wäre es unangemessen", diese Tatsache in die Geschichtsbücher aufzunehmen.[20]

Weitere Fragen stellen sich wegen der Vorbehalte, die Washingtons gegenüber der Erklärung der Wiener Konferenz äußerte (über die nicht berichtet wurde). Die Vereinigten Staaten waren verstört, da die Erklärung "besagte, dass jede Besatzung durch eine ausländische Nation gegen die Menschenrechte verstößt."[21] Die Vereinigten Staaten lehnen dieses Prinzip ab, genauso wie sie, einzig mit ihrem israelischen Satellitenstaat, Völkern das Recht absprechen, "die gewaltsam ihrer [Selbstbestimmung, Freiheit und Unabhängigkeit] beraubt sind (…) besonders Völker, die von einer kolonialen oder rassistischen Macht beherrscht werden, unter ausländischer Besatzung oder einer anderen Form der kolonialen Dominanz stehen (…) die kämpfen, um [diese Rechte zu erreichen] und nach Hilfe ersuchen [gemäß der Amerikanischen Gründungsurkunde und anderen Grundprinzipien des internationalen Rechts]." Auch über diese Tatsachen wird nicht berichtet, obwohl sie erhellen könnten, in welcher Weise die Menschenrechte verteidigt werden.[22]

Der Sprecher des "dreckigen Dutzends"

Auch wurde nicht untersucht, wie genau Christopher "in der Regierung Carter die Menschenrechte gefördert" hatte. Nehmen wir das Jahr 1978 als Beispiel, als Indonesien, dem Sprecher des "dreckigen Dutzends" in Wien, bei seinem Angriff auf Osttimor die Waffen ausgingen. Dieser näherte sich in jenen Jahren dem Ausmaß eines Völkermords, was die Regierung Carter veranlasste, ihrem blutdurstigen Freund gar noch mehr Militärhilfe zukommen zu lassen.[23]* Ein weiteres Beispiel ereignete sich ein Jahr später, als die Regierung Carter verzweifelt versuchte, Somozas Nationalgarde an der Macht zu halten, nachdem diese um die 40.000 Zivilisten abgeschlachtet hatte.† Am Ende wurden deren Befehlshaber mit Rotkreuzabzeichen getarnt (ein Kriegsverbrechen) in Flugzeugen nach Honduras evakuiert, wo sie unter der Führung argentinischer Neonazis erneut eingesetzt wurden – nun als terroristische Streitkräfte. Der Verlauf der Geschichte in anderen Gebieten der Region war, so muss wohl gesagt werden, noch schlimmer.[24]

---

* "Die Tragödie Osttimors begann im Dezember 1975, als Indonesien die ehemalige portugiesische Kolonie nach ihrer Unabhängigkeitserklärung besetzte und später annektierte. Die Invasion führte zur Ermordung von 200.000 Menschen, nahezu einem Drittel der Gesamtbevölkerung (…) Als 1978 Suhartos Untaten in Osttimor ihren Höhepunkt erreichten, wurde er nicht nur von den USA, sondern auch von Großbritannien, Frankreich und anderen Mächten protegiert." (Chomsky, People without Rights, S. 27 u. 29) (Anm. d. Übers.)

† in Nicaragua (Anm. d. Übers.)

Auch diese Ereignisse gehören zu jenen Tatsachen, “die man lieber nicht erwähnt.”

Die neoliberale Ära

Die erhabene Rhetorik auf der Wiener Konferenz und in ihrem Umfeld wurde nicht befleckt von Untersuchungen darüber, ob die Allgemeinen Menschenrechte von ihren führenden Verfechtern eingehalten werden.[25] Diese Frage wurde indes auf einer öffentlichen Anhörung in Wien gestellt, die von Nichtregierungsorganisationen veranstaltet wurde. In den dortigen Beiträgen kritisierten Aktivisten, Wissenschaftler, Anwälte und andere aus vielen Ländern der Erde die “alarmierenden Beweise für schwerwiegende Menschenrechtsverletzungen auf der ganzen Welt als Folge der Politik der internationalen Finanzinstitutionen” – als Folge des “Konsens von Washington”, der zwischen den Führern der freien Welt gefasst wurde. Die Grundlage dieses “neoliberalen” Konsens könnte man als “real existierende Doktrin des freien Marktes” bezeichnen: Marktdisziplin ist angeblich sehr nützlich für die Schwachen und Wehrlosen, doch die Reichen und die Mächtigen müssen unter den Fittichen von Vater Staat vor den Märkten beschützt werden. Zudem muss den Reichen und Mächtigen erlaubt werden, die “dauernden Angriffe auf die Prinzipien [des freien Marktes]” fortzuführen. In einem wissenschaftlichen Rückblick auf die Zeitperiode nach 1970 (auf die “neoliberale” Ära) verurteilte der GATT-Sekretär und Ökonom Patrick Low (der nun Direktor für ökonomische

Forschungen bei der Welthandelsorganisation ist) diese Angriffe. Er veranschlagt die wettbewerbsbeschränkenden Maßnahmen unter der Reagan-Regierung auf ungefähr das Dreifache der Maßnahmen anderer Industrieländer: Die Reagan-Regierung "beschloss den größten Umschwung hin zum Protektionismus seit den 30er Jahren", was die Vereinigten Staaten vom "Weltmeister im multilateralen Freihandel zu einem seiner führenden Gegner" werden ließ, wie die Zeitschrift des Rats für Auswärtige Beziehungen in einem Rückblick auf das vergangene Jahrzehnt anmerkte.[26]

Das Wohl der Reichen

Ich sollte ergänzen, dass diese Untersuchungen die wichtigste Form der Marktbeeinflussung zum Wohl der Reichen außer Acht lassen: den Transfer öffentlicher Gelder in die Hände der High-Tech-Industrie,* welcher praktisch jedem funktionierenden Sektor der US-Wirtschaft zugrundeliegt und häufig unter dem Deckmantel der "Verteidigung" erfolgt. Diese Praktik wurde von den Reaganisten,

---

* Zu 'Marktbeeinflussung' und 'freie Marktwirtschaft': "Die Steuern lassen sich nicht allzu stark absenken – was sonst hält die Wirtschaft in Schwung? Seit der Weltwirtschaftskrise wissen wir, dass der Kapitalismus des freien Markts eine totale Katastrophe ist, weil er nicht funktionieren *kann*. Darum steht jedes Land, das eine erfolgreiche Wirtschaft aufweist, an der Schwelle zum Faschismus, d.h. der Staat greift massiv in die Ökonomie ein, um sie zu lenken und sie vor feindseligen Kräften wie etwa zuviel Wettbewerb zu schützen" (Chomsky, Eine Anatomie der Macht, S. 101). (Anm. d. Übers.)

die in ihrer Anpreisung der Herrlichkeit des freien Markts für die Armen hierzulande und im Ausland unübertroffen waren, weiter ausgebaut. Die Pionierarbeit für diese allgemeine Strategie leisteten die Briten im 18. Jahrhundert – und seither war sie ein beherrschendes Charakteristikum der Wirtschaftsgeschichte. Sie ist zum großen Teil für die heute herrschende Kluft zwischen der Ersten und Dritten Welt verantwortlich (welche seit vielen Jahren neben der wachsenden Kluft zwischen reichen und armen Teilen der Weltbevölkerung zugenommen hat).[27]

Die öffentliche Anhörung in Wien fand nach meiner Kenntnis in den amerikanischen Mainstream-Zeitungen keine Erwähnung. Die Bürger der freien Welt konnten jedoch die Sorgen, die große Teile der Weltbevölkerung angesichts des Umgangs mit den Menschenrechten empfanden, dem Bericht der Anhörung entnehmen, der mit einer Auflage von 2000 Exemplaren in Nepal veröffentlicht wurde.[28]

Der 13. Artikel

Die Bestimmungen der Allgemeinen Menschenrechte sind in den Vereinigten Staaten wenig bekannt, manche sind jedoch geläufig. Am bekanntesten ist Artikel 13 (2): "Jeder hat das Recht, jedes Land, einschließlich seines eigenen, zu verlassen." Am 10. Dezember, am Tag der Menschenrechte, wurde dieses Prinzip jedes Jahr mit viel Leidenschaft heraufbeschworen, neben empörten Verurteilungen und Demonstrationen gegen die Sowjetunion, weil diese den Juden das Verlassen des Lands verweigerte. Um genau zu sein, wurden die zitierten Worte ins Feld geführt, nicht aber die folgenden Worte des Artikels: "und in sein Land zurückzukehren." Am 11. Dezember 1948 (ein Tag nach Unterzeichnung der Allgemeinen Menschenrechte) wurde die Bedeutung der weggelassenen Worte deutlich: Die UN-Generalversammlung verabschiedete einstimmig die Resolution 194, die den Palästinensern das Recht auf Rückkehr in ihre Heimat gestattet, bzw. auf Entschädigung, sollten sie sich nicht zur Heimkehr entscheiden. Die Resolution ist seither immer wieder bestätigt worden. Da war jedoch die "stillschweigende Übereinkunft der Mehrheit", dass es sich "nicht gehört", die weggelassenen Worte zu erwähnen. Noch weniger würde es sich gehören, die völlig offensichtliche Tatsache zu erwähnen, dass diejenigen, die unter großem Beifall die sowjetischen Tyrannen zur Befolgung des 13. Artikels ermahnten, zugleich seine entschiedenste Widersacher waren.

Aus Gründen der Fairness sollte ich ergänzen, dass die zynische Haltung am Ende überwunden wurde. Auf einer Sitzung der UN im Dezember 1993 änderte die Regierung Clinton die offizielle Linie der US-Politik und schloss sich Israel im Widerstand gegen die UN-Resolution 194 an, die mit 127 zu 2 Stimmen erneut bestätigt wurde. Wie üblich gab es weder Berichte noch Stellungnahmen. Doch zumindest die Inkonsequenz konnte überwunden werden: Die erste Hälfte von Artikel 13 (2) ist jetzt bedeutungslos, und Washington lehnt nun offiziell die zweite Hälfte des Artikels ab.[29]

Der 14. Artikel

Gehen wir weiter zu Artikel 14, der besagt: "Jeder hat das Recht, in anderen Ländern vor Verfolgung Asyl zu suchen und zu genießen." So zum Beispiel Bürger Haitis, darunter jene 87 Opfer, die von Clintons Blockade ergriffen und in ihr Leichenhaus zurückgeschickt wurden – was kaum Beachtung fand –, während die Wiener Konferenz eröffnet wurde.[30] Die offizielle Grund war, dass sie vor der Armut flohen, und nicht etwa vor dem blindwütigen Terror der Militärjunta, wie sie behaupteten. Wie man zu dieser Erkenntnis kam, blieb unerklärt.

In einem Bericht über die Wiener Konferenz hatte Sciolino wenige Tage zuvor bemerkt, dass "einige Menschenrechtsorganisationen die Regierung scharf kritisiert haben, weil diese Clintons Wahlkampfversprechen die Menschenrechte betreffend nicht erfüllt hatte." "Der dramatischste Fall" war "Washingtons Entscheidung", "haitische Bootsflüchtlinge, die politisches Asyl suchten, unter Einwirkung von Gewalt zurückzuschicken." Aus anderer Perspektive betrachtet veranschaulichen diese Ereignisse Washingtons größtenteils rhetorische Verpflichtung gegenüber der "Allgemeingültigkeit der Menschenrechte" – außer wenn es darum geht, sie als Waffe gegen bestimmte Feinde in die Schlacht zu führen.

In dieser Weise haben die Vereinigten Staaten den 14. Artikel hochgehalten, seit Carter [und Christopher] "die Menschenrechte gefördert haben", indem sie armselige Bootsleute nach Haiti zur Folter unter der Diktatur Duvaliers zurückschickten. Der geachtete Verbündete Duvalier war dabei behilflich, Haiti in eine Exportbühne für US-Konzerne zu verwandeln, die nach superbilliger und menschenverachtender Arbeit suchten; oder um die Worte zu gebrauchen, die die USAID (*United States Agency for International Development*) bevorzugt: um Haiti in ein "Taiwan der Karibik" zu verwandeln. In einem Vertrag zwischen Reagan und Duvalier wurden die Verstöße gegen Artikel 14 formal bestätigt. Als Haitis erster demokratisch gewählter Präsident [Aristide] im September 1991 durch einen Militärputsch gestürzt und nach einer kurzen Unterbrechung der Terror wiederhergestellt wurde, errichtete die Regierung Bush eine Blockade, um die Flüchtlingsflut in ihre Folterkammer zurückzutreiben.[31]

Präsidentschaftskandidat Bill Clinton verurteilte Bushs "verwerfliche (…) illegale, und unverantwortliche Flüchtlingspolitik"[32] verbittert. Clintons erste Amtshandlung als Präsident war es schließlich, die illegale Blockade noch zu verstärken und weitere Unterstützungsmaßnahmen für die Militärjunta bereitzustellen, auf die ich noch zu sprechen kommen werde.

Erneut gebietet es die Fairness, anzuerkennen, dass Washington von seiner Ablehnung des 14. Artikels kurze Zeit abwich. Als die Flüchtlingswelle in den kurzen Monaten der Demokratie [von Februar bis September 1991] bis auf wenige abnahm (und sich sogar umkehrte, als die Bürger Haitis in diesem Augenblick der Hoffnung in ihr Heimatland zurückkehrten), entwickelte die Regierung Bush eine plötzliche und kurzlebige Sensibilität für Artikel 14.

Von mehr als 24.000 haitianischen Bürgern, die zwischen 1981 und 1990 von US-Truppen abgefangen wurden, genehmigte Washington 28 Asylanträge, die von Opfern politischer Verfolgung gestellt wurden, und billigte 11 davon (im Vergleich dazu wurden 75.000 von 75.000 Asylanträgen von Kubanern bewilligt). Während der siebenmonatigen demokratischen Periode unter Präsident Aristide, als Gewalt und Unterdrückung erheblich abnahmen, wurden 20 Anträge von einer Flüchtlingszahl gebilligt, die nur ein Fünfzigstel der vorigen betrug. Nach dem Militärputsch und dem wiederhergestellten Terror kehrten die Zahlen auf ihre Normalwerte zurück.[33]

In Sorge, dass Proteste den Fortbestand der Blockade erschweren könnten, beantragte die Regierung Clinton gemeinsam mit anderen Ländern, die Vereinigten Staaten von der Bürde der Flüchtlingsaufnahme zu befreien. Die Angst vor einer Flüchtlingsflut wurde als gewichtigster Grund für "nationale Sicherheitsinteressen" ausgegeben, die militärische Interventionen rechtfertigen könnten. Das löste viele Diskussionen aus, die den augenscheinlichen Präzedenzfall übersahen: Tansania. Diesem Land war es möglich gewesen, Hunderttausende ruandischer Flüchtlinge aufzunehmen, und sicher hätte es den umzingelten Vereinigten Staaten zu Hilfe eilen und noch ein paar weitere schwarze Gesichter beherbergen können.

Die Verachtung für Artikel 14 wird keineswegs geheim gehalten. Eine Titelstory einer renommierten Zeitung über die brutalen neuen Immigrationsgesetze erwähnt beiläufig die Umstände und erklärt die Ursachen:

> Da die Vereinigten Staaten jene Armee bewaffneten und finanzierten, deren Brutalität die Salvadorianer ins Exil schickte, waren nur wenige von ihnen in der Lage, den Flüchtlingsstatus zu erlangen, der Kubanern, Vietnamesen, Kuwaitern und Angehörigen anderer Nationalitäten immer wieder zugestanden worden war. Das neue Gesetz sieht viele von ihnen nur als Ziele der Abschiebung [obwohl sie geflohen waren]. Der Konflikt dauerte von 1979 bis 1992 an, [während] in El Salvador mehr als 70.000 Menschen ermordet wurden, die meisten durch die US-gestützte Armee oder durch Todesschwadrone, die ihrerseits von der Armee unterstützt wurden, weshalb viele Menschen [gezwungen waren], in die Vereinigten Staaten zu fliehen.[34]

Dieselbe Logik weitete man auf jene aus, die vor Washingtons anderen Terrorkriegen in der Region flohen.

Kreuzritter der Universalität

Die Interpretation von Artikel 14 gehorcht also strengen Grundsätzen: "Würdige Opfer" fallen unter Artikel 14, "unwürdige Opfer" nicht. Diese Einteilung erfolgt durch die Terrorwirkung und die herrschenden Machtinteressen. Für Washington in seiner Rolle als Kreuzritter, der die Allgemeingültigkeit der Menschenrechte gegen relativistische Angriffe verteidigt, sind Tatsachen bedeutungslos. Dieser Fall ist nur einer von vielen, die ein Versäumnis in Orwells Analyse aufzeigen: die bereitwillige Duldung von Widersprüchen, sofern sie zum Vorteil gereichen.

Artikel 13 und 14 gehören in die Kategorie der zivilen und politischen Rechte. Die Allgemeinen Menschenrechte erkennen jedoch auch eine zweite Kategorie von Rechten an: wirtschaftliche, soziale und kulturelle Rechte, die vom Westen größtenteils abgelehnt werden. UN-Botschafterin Jeane Kirkpatrick bezeichnete diese Bestimmungen als "Brief an den Weihnachtsmann (...) weder die Natur noch die Erfahrung noch die Wahrscheinlichkeit liegen dieser Liste der 'Ansprüche' zugrunde, die keinen Grenzen unterliegen außer den Meinungen und Bedürfnissen ihrer Urheber." Botschafter Morris Abram, der amerikanische Vertreter der UN-Menschenrechtskommission, wies diese Rechte in maßvolleren Tönen von sich: 1990 betonte er, dass zivile und politische Rechte "Vorrang" haben müssten – im Widerspruch zum Universalitätsprinzip der Allgemeinen Menschenrechte.[35]

Während Abram deutlich machte, warum Washington den Bericht der Weltkonferenz über das Entwicklungsrecht ablehnt, betrachtete er die Frage eingehender. Das Recht auf Entwicklung ist definiert als "das Recht von Individuen, Gruppen und Völkern, an wirtschaftlichen, sozialen, kulturellen sowie politischen Entwicklungen, im Rahmen derer alle Menschenrechte und Grundfreiheiten in vollem Umfang verwirklicht werden können, ständig teilzunehmen, zu ihnen beizutragen und sie in Anspruch zu nehmen." "Entwicklung ist kein Recht", informierte Abram die Kommission: Die Vorschläge im Bericht führten zu Ergebnissen, die "absurd erscheinen", z.B. dass die Weltbank verpflichtet sein könnte, "Kredite zu vergeben oder Gelder bereitzustellen, um Tunnel, Bahnlinien oder Schulen zu bauen." Solche Ideen, so Abram weiter, sind "kaum mehr als leere Behälter, in die vage Hoffnungen, unfertige Erwartungen" und sogar "gefährliche Aufwiegelungen" gegossen werden können."[36]

In Anlehnung an Abrams Bemerkung können wir nun vielleicht begreifen, dass der Grundirrtum des angeblichen "Entwicklungsrechts" die stillschweigende Befürwortung des Prinzips ist, dass

> jeder das Recht auf einen Lebensstandard hat, der seine und seiner Familie Gesundheit und Wohl gewährleistet, einschließlich Nahrung, Kleidung, Wohnung, ärztliche Versorgung und notwendige soziale Leistungen, sowie das Recht auf Sicherheit im Falle von Arbeitslosigkeit, Krankheit, Invalidität oder Verwitwung, im Alter sowie bei anderweitigem Verlust seiner Unterhaltsmittel durch unverschuldete Umstände.

Wenn kein so definiertes Recht auf Entwicklung existiert, dann sind diese Worte auch nur "leere Behälter", und womöglich gar "gefährliche Aufwiegelungen." Also ist auch dieses Prinzip bedeutungslos: Rechte, wie sie Artikel 25 der Allgemeinen Menschenrechte garantiert (den ich eben zitiert habe), existieren nicht.

Einzig die Vereinigten Staaten legten ein Veto gegen die Erklärung des Entwicklungsrechts ein, und somit zugleich auch gegen Artikel 25 der Allgemeinen Menschenrechte.[37]

Die Lehre des freien Marktes

Bei der Bedeutung von Artikel 25 noch länger zu verweilen wäre überflüssig im reichsten Land der Welt, das eine Armutsrate aufweist, die zweimal so groß ist wie in jeder anderen Industriegesellschaft, insbesondere bei Kindern. Nach vier Jahren der wirtschaftlichen Erholung fiel 1995 fast eines von vier Kindern unter sechs Jahren unter die Armutsschwelle. Diese Zahlen liegen weit über denen in anderen Industriegesellschaften,[38] auch wenn Großbritannien an Boden gut macht. Wie die Presse berichtet, wird "eins von drei britischen Babys in Armut geboren." "Seit der Wahl von Margaret Thatcher hat sich die Kinderarmut nicht weniger als verdreifacht", und "bis zu 2 Millionen Kinder in Großbritannien leiden an schlechter Gesundheit oder sind aufgrund von Unterernährung im Wachstum gehemmt." Die Programme der Thatcheristen verkehrten den Trend bei Kindern zu besserer Gesundheit ins Gegenteil und führten zu einer Zunahme von Kinderkrankheiten, die zuvor unter Kontrolle gewesen waren. Zugleich werden Gelder der öffentlichen Hand für illegale Projekte in der Türkei und in Malaysia verwendet, um die Waffenverkäufe der staatlich subventionierten Industrie zu mehren.[39] Entsprechend der "real existierenden Lehre des freien Markts" sind die öffentlichen Ausgaben 17 Jahre nach dem Thatcher-Evangelium noch genauso hoch wie zu Beginn ihrer Amtszeit.[40]

In den Vereinigten Staaten, wo man einer ähnlichen Politik ausgesetzt war, litten im Jahre 1990 30 Millionen

Menschen an Hunger – ein Anstieg um 50 Prozent seit 1985 –, darunter 12 Millionen Kinder, die nicht genügend Nahrung für Wachstum und Entwicklung haben (das war noch vor der Konjunkturabschwächung von 1991). 1990 befanden sich vierzig Prozent der Kinder in der reichsten Stadt der Welt unterhalb der Armutsschwelle. Mit Blick auf soziale Grundindikatoren wie der Kindersterblichkeit liegen die Vereinigten Staaten weit hinter allen anderen Industrienationen, auf einer Stufe mit Kuba, dessen Bruttosozialprodukt pro Einwohner weniger als 5 Prozent dessen der Vereinigten Staaten beträgt. Hinzu kommt, dass Kuba viele Jahre lang den terroristischen Angriffen und dem an Intensität zunehmenden Wirtschaftskrieg seitens der Supermacht der westlichen Hemisphäre ausgesetzt gewesen ist.[41]

Gemessen an ihrer außergewöhnlichen Überlegenheit belegen die Vereinigten Staaten einen der vordersten Ränge unter jenen Relativisten, die die Universalität der Allgemeinen Menschenrechte ablehnen – und das schon allein, wenn wir Artikel 25 als Maßstab nehmen.

Weltbank und IWF

Die internationalen Finanzorganisationen, die vorwiegend durch die Vereinigten Staaten kontrolliert werden, richten sich nach denselben Werten. Weltbank und Internationaler Währungsfonds (IWF) "standen den Menschenrechten außergewöhnlich feindselig gegenüber", sagte Philip Alston, der Vorsitzende des UN-Ausschusses für wirtschaftliche, soziale und kulturelle Rechte, mit höflicher Untertreibung, während er der Wiener Konferenz Respekt zollte. "Wie wir in dieser öffentlichen Anhörung in so dramatischer Weise erfahren haben", ergänzte Nouri Abdul Razzak von der afrikanisch-asiatischen Solidaritätsorganisation der Völker, "trägt die Politik der internationalen Finanzorganisationen zur Verarmung der Weltbevölkerung, zur Verschlechterung der weltweiten Umweltbedingungen und zur Verletzung der grundlegendsten Menschenrechte bei", in Ausmaßen, die die Sinne betäuben.

Die "Entwicklungsländer"

Angesichts solcher direkter Verstöße gegen die Prinzipien der Allgemeinen Menschenrechte ist vielleicht überflüssig zu erwähnen, dass selbst kleine Schritte zu ihrer Unterstützung auf Ablehnung stoßen. Die UNICEF schätzt, dass jede Stunde 1000 Kinder an leicht vermeidbaren Krankheiten sterben, und beinahe zweimal so viele Frauen sterben oder erleiden schwere Behinderungen, weil ihnen einfache Medikamente und Betreuung in der Schwangerschaft oder während der Geburt fehlen. Um für einen Zugang aller Menschen zu grundlegenden Sozialleistungen zu sorgen, wären nach Schätzung der UNICEF ein Viertel der jährlichen Militärausgaben der "Entwicklungsländer" ausreichend, was etwa 10 Prozent der US-Militärausgaben entspricht.[42] Wie bereits erwähnt, treiben die Vereinigten Staaten aktiv die Militärausgaben der "Entwicklungsländer" in die Höhe; die US-Militärausgaben verbleiben auf der Höhe des Kalten Krieges und nehmen gegenwärtig zu, während zugleich die Sozialausgaben massiv beschnitten werden. In den 90er Jahren ging zudem die US-Auslandshilfe stark zurück, die bereits zuvor die Niedrigste aller Industrieländer gewesen war und praktisch null ist, wenn wir das reiche Land ausnehmen, das der Hauptempfänger dieser Hilfe ist (Washingtons israelischer Satellitenstaat).[43]

Relativistische Standpunkte

In seinem "Schlussbericht" an die UN-Kommission für Menschenrechte erwähnte der Sonderberichterstatter Leandro Despouy im Jahre 1996, dass die Weltgesundheitsorganisation extreme Armut als den schonungslosesten Killer auf der Welt und als Hauptursache des Leidens auf der Erde ansieht: "Keine andere Katastrophe als die durch Hunger verursachte Verwüstung hat in den letzten beiden Jahren mehr Tote gefordert als beide Weltkriege zusammengenommen." Er merkte an: Das Recht auf einen Lebensstandard, der Gesundheit und Wohlbefinden sicherstellt, wird durch Artikel 25 der Allgemeinen Menschenrechte sowie durch die Internationale Vereinbarung wirtschaftlicher, sozialer und kultureller Rechte garantiert, "die besonders 'das Grundrecht eines jeden Menschen, nicht an Hunger leiden zu müssen', in den Vordergrund stellen."[44] Vom zutiefst relativistischen Standpunkt des Westens aus gesehen haben diese Prinzipien der Menschenrechtsbestimmungen jedoch kein Gewicht, auch wenn sie von offizieller Seite gutgeheißen werden.

Die Interpretation von Artikel 25 weist noch weitere Differenzen auf. Länder der Dritten Welt traten an die UN-Kommission für Menschenrechte heran, weil sie nach Wegen suchten, "gegen den enormen Transport gefährlicher Substanzen" in arme Nationen "anzukämpfen." Sie waren besorgt, dass "das Abladen giftiger Produkte und Abfälle das Grundrecht auf Leben und gute Gesundheit gefährdet", das von den Allgemeinen Menschenrechten garantiert wird. Eine UN-Ermittlerin stellte fest, dass die reichen Länder "massenhaft giftige Abfälle" in die Dritte Welt und jetzt auch in die Gebiete der ehemaligen Sowjetunion entsenden. Wie die Presse berichtete, "merkte [die Ermittlerin] an, dass ihre Informationen 'schwere Verstöße gegen das Recht auf Leben und Gesundheit'" zeigen, und "in manchen Fällen 'zu Krankheiten, Störungen, körperlichen oder geistigen Behinderungen und sogar zum Tode geführt'" haben. Ihre Informationen waren jedoch limitiert, denn ihre "Zusammenarbeit mit Industrieländern und Konzernen war gering", und kein einziger Konzern davon stammte aus den Vereinigten Staaten – dem Land, das auf dem Weg ist, seine Mission zu vollenden.[45]

Der 23. Artikel

Der 23. Artikel der Allgemeinen Menschenrechte besagt: "Jeder hat das Recht auf Arbeit, auf freie Berufswahl, auf gerechte und befriedigende Arbeitsbedingungen sowie auf Schutz vor Arbeitslosigkeit" und ebenfalls auf "ein Einkommen, das für eine Person und seine Familie eine menschenwürdige Existenz sichert und, wenn nötig, durch andere Mittel des sozialen Schutzes ergänzt werden muss." Wir müssen uns hier nicht mit Washingtons Achtung vor diesem Prinzip aufhalten. Weiter heißt es: "Jeder hat das Recht, zum Schutze seiner Interessen Gewerkschaften zu bilden und solchen beizutreten."

Dieses Recht wird in den Vereinigten Staaten offiziell hochgehalten, doch Rechts- und Verwaltungsorgane stellen sicher, dass es immer mehr auf dem Abstellgleis endet. Als die Reaganisten ihr Werk vollendet hatten, waren die Vereinigten Staaten so weit vom Durchschnitt entfernt, dass die Internationale Arbeitsorganisation (die selten die Mächtigen kritisiert) empfahl, dass Amerika zur internationalen Norm zurückkehren sollte. Die Internationale Arbeitsorganisation reagierte dabei auf eine Beschwerde der AFL-CIO (US-amerikanische Gewerkschaftsbewegung), die das Beenden von Streiks durch das Zurückgreifen auf "dauerhafte Ersatzarbeiter" kritisiert hatte.[46] Mit Ausnahme Südafrikas duldete keine andere Industrienation diese Maßnahmen, die dafür sorgten, dass Artikel 23 leere Worte blieben. Sollten sich in Südafrika weitere Entwicklungen vollziehen, könnten die Vereinigten Staaten in dieser Angelegenheit bald glanzvoll alleine dastehen – auch wenn britische Normen erst noch erreicht werden müssen, wie zum Beispiel Arbeitgebern zu erlauben, Lohnerhöhungen gezielt einzusetzen, um Arbeiter zum Austritt aus Gewerkschaften zu veranlassen oder Arbeiter dazu zu bewegen, vom Recht auf gemeinsame Tarifverhandlungen Abstand zu nehmen.[47]

Wohlfahrtsstaat für die Reichen

In einer Rückschau auf einige der Maßnahmen, die man zur Außerkraftsetzung des 23. Artikels angewendet hatte, berichtete *Business Week*, dass die US-Industrie seit den ersten Jahren der Reagan-Regierung "einen der erfolgreichsten Kriege aller Zeiten gegen die Gewerkschaften geführt und tausende von Arbeitern gefeuert hat, weil sie ihr Organisationsrecht wahrnahmen." "Bei einem Drittel aller Personalvertretungswahlen in den späten 80er Jahren kam es zu unrechtmäßigen Entlassungen, verglichen mit 8 Prozent Ende der 60er Jahre." Arbeiter haben keinen Anspruch auf Rechte, während zugleich die Reagan-Regierung den mächtigen Staat, den sie heranzog, in einen umfassenden Wohlfahrtsstaat für die Reichen verwandelte. Dabei verstieß sie gegen amerikanisches Recht und gegen international geltende Gesetze, die in den Allgemeinen Menschenrechten verankert sind. Das wichtigste Ziel der Konzernführer, so *Business Week*, war die Aushebelung der Rechte, die "durch das Wagner-Gesetz von 1935* garantiert worden waren", durch welches die Vereinigten Staaten in den Mainstream der Industriegesellschaften gezogen wurden.[48] Das war seit dem Beschluss der *New Deal*-

---

* Das Wagner-Gesetz von 1935 räumte "der amerikanischen Arbeiterbewegung zum ersten Mal offiziell das Recht ein (…) sich zu organisieren (…) Das Gesetz wurde verabschiedet, weil die gesellschaftlich Mächtigen erkannten, dass es besser wäre, den Arbeitern etwas zukommen zu lassen, bevor es wirkliche Schwierigkeiten geben würde." (Chomsky, Eine Anatomie der Macht, S. 400) (Anm. d. Übers.)

Bestimmungen ein vorrangiges Ziel gewesen. Obwohl das Bemühen, diesen Triumph der Demokratie und der Arbeiter ins Gegenteil zu verkehren, während des Krieges auf Eis gelegt wurde, griff man es zu Beginn der Friedenszeit mit großem Tatendrang und beträchtlichem Erfolg wieder auf.[49] Ein Maßstab dafür ist die Unterzeichnung jener Verträge der Internationalen Arbeitsorganisation, die Arbeiterrechte garantieren. Die Vereinigten Staaten haben mit Abstand die schlechteste Bilanz der westlichen Welt einschließlich Europas, ausgenommen nur El Salvador und Litauen. Die Vereinigten Staaten erkennen noch nicht einmal die Standardverträge über Kinderarbeit und Organisationsrechte an.[50]

"Die Vereinigten Staaten stehen bei der Internationalen Arbeitsorganisation mit 92,6 Millionen Dollar im Zahlungsverzug", merkt das Anwaltskomitee für Menschenrechte an. Diese Zurückhaltung von Geldern "stellt ein ernsthaftes Hindernis für die Tätigkeit der Internationalen Arbeitsorganisation dar." Washingtons Vorhaben, größere Einschnitte in der Finanzierung dieser Organisation vorzunehmen, "würde vor allem die Möglichkeiten der Internationalen Arbeitsorganisation beeinträchtigen, Expertenhilfe auf dem Gebiet bereitzustellen." Dadurch wird Artikel 23 weiter untergraben, und zwar weltweit.[51]

Das ist nur ein Teil der Schulden bei internationalen Organisationen, die zu zahlen die Vereinigten Staaten sich weigern (entgegen der vertraglichen Verpflichtungen). Die Gebührenschuld gegenüber den Vereinten Nationen wird auf 1,3 Milliarden $ geschätzt. "Unsere Türen werden nur noch deshalb offengehalten", so schreibt Generalsekretär Kofi Annan, "weil andere Länder uns praktisch zinsfreie Darlehen geben, um vorwiegend amerikanische Fehlbeträge zu decken; nicht nur Verbündete der NATO (...) sondern auch Entwicklungsländer wie Pakistan und sogar die Fitschi-Inseln."[52] Wenige Wochen später stimmte der Senat, der noch immer die Zahlung verweigerte, mit 90 zu 10 dafür zu erklären, dass die Vereinten Nationen "dank der Beiträge der USA" ihre Schulden abbauen und dass "allen Mitgliedsländern öffentlich berichtet wird, wie viel die Vereinigten Staaten seit dem 1. Januar 1990 ausgegeben haben, um Resolutionen des Sicherheitsrats zu unterstützen."[53]

"Eine willkommene Entwicklung"

Der illegale Angriff auf Gewerkschaften unter Verletzung von Artikel 23 hat zahlreiche Folgen. Er trägt zur Untergrabung der Gesundheits- und Sicherheitsnormen an den Arbeitsplätzen bei (deren Einhaltung die Regierung nicht unterstützt), was zu einem steilen Anstieg der Industrieunfälle unter Reagan führte.[54] Desgleichen trägt er zur Untergrabung einer funktionierenden Demokratie bei: Menschen mit begrenzten Mitteln verlieren einige ihrer wenigen Möglichkeiten, auf der politischen Bühne mitwirken zu können. Darüber hinaus beschleunigt jener Angriff die Privatisierung von Wünschen, was den Sinn für Solidarität, Sympathie und andere menschliche Werte zerstört, die den Kern des klassisch-liberalen Denkens bilden, mit der vorherrschenden Ideologie der Privilegierten und Mächtigen jedoch unvereinbar sind. Ich möchte hier nur einen Punkt herausgreifen: Das US-Arbeitsministerium schätzt, dass die Schwächung der Gewerkschaften für einen Großteil des Stagnierens oder Sinkens der Reallöhne während der Regierung der Reaganisten verantwortlich gewesen ist. Den Rückgang der Lohnkosten (seit dem Hoch von 1985) bis hin zum niedrigsten Stand aller Industrieländer (ausgenommen Großbritannien) beschrieb das *Wall Street Journal* als "willkommene Entwicklung von überragender Wichtigkeit."[55]

Als Alan Greenspan, der Vorstandsvorsitzende der amerikanischen Zentralbank (*Federal Reserve*), im Februar 1997 vor dem Bankenkomitee des Senats aussagte, war er voller Begeisterung wegen der "anhaltenden Wirtschaftsentwicklung" dank einer "untypischen Beschränkung der Lohnerhöhungen, [was] hauptsächlich auf eine gestiegene Unsicherheit der Arbeiter zurückzuführen zu sein scheint" – eine Entwicklung, die geradezu die Wunschvorstellung einer guten Gesellschaft ist und ein weiterer Grund, warum die westlichen Relativisten Artikel 25 der Allgemeinen Menschenrechte ablehnen, der "das Recht auf Sicherheit" garantiert. Der Wirtschaftsbericht des Präsidenten, in dem im Februar 1997 stolz die Erfolge der Regierung Clinton verkündet wurden, verweist beiläufig auf "Veränderungen in den Institutionen und Praktiken des Arbeitsmarkts", die bei den "erheblichen Lohnbeschränkungen" eine Rolle spielen, welche die Gesundheit der Wirtschaft stärken.[56]

"Freihandelsvereinbarungen"

Die "Freihandelsvereinbarungen", wie sie meist unrichtig genannt werden (sie enthalten umfassende protektionistische Maßnahmen und sind nur dann "Vereinbarungen", wenn wir die öffentliche Meinung ignorieren), tragen zu diesen liebevollen Veränderungen bei. Einige der Vorgänge wurden in einer Studie beschrieben, die das Arbeitersekretariat der Nordamerikanischen Freihandelsvereinbarung (NAFTA) durchführte. Diese befasste sich mit "den Auswirkungen plötzlicher Betriebsschließungen auf das Prinzip der Vereinigungsfreiheit und auf die Organisation der Arbeiter in den betreffenden drei Ländern." Die Studie wurde gemäß den Regelungen der NAFTA als Reaktion auf eine Beschwerde von Arbeitern der Telekommunikationsbranche über den illegalen Umgang mit Gewerkschaften bei *Sprint* durchgeführt. Die Beschwerde erhielt von der US-amerikanischen Vereinigung nationaler Gewerkschaftsbeziehungen Bestätigung, die nach jahrelanger Verzögerung geringe Strafen forderte (das ist der Normalfall). In Kanada und Mexiko wurde die Veröffentlichung einer NAFTA-Studie der Gewerkschaftsökonomin Kate Bronfenbrenner (von der Cornell-Universität) genehmigt, doch die Regierung Clinton schob ihre Veröffentlichung auf. Die Studie enthüllt, dass NAFTA erhebliche Einflüsse auf die Niederschlagung von Streiks hat. Etwa die Hälfte der Organisationsversuche von Gewerkschaften werden durch Androhungen von Arbeitgebern zerstört, die Produktion ins Ausland zu verlagern – zum Beispiel indem

Schilder mit der Beschriftung "Transferjobs an Mexiko zu vergeben" vor Betriebe gehängt werden, in denen Organisationsbestrebungen bestehen. Solche Drohungen bleiben nicht ohne Wirkung. Bleiben sie dennoch erfolglos, schließen die Firmenbosse die Betriebe bis zu dreimal so häufig wie vor der Gründung der NAFTA (etwa 15 Prozent der Fälle). Die Androhung von Betriebsschließungen kommt in Industrien mit höherer Mobilität fast doppelt so häufig vor (z.B. im produzierenden Gewerbe im Vergleich zum Baugewerbe).[57]

Diese und andere Methoden, über welche die NAFTA-Studie berichtet, sind illegal, doch wie die Reagan-Regierung deutlich machte, sind sie reine Formsache und werden durch ihren Beitrag zur Untergrabung des Organisationsrechts aufgewogen (das formell durch Artikel 23 garantiert wird). Oder um es in höflichere Worte zu fassen: Es sollen "Veränderungen der Institutionen und Praktiken des Arbeitsmarkts" erreicht werden, die zu "erheblichen Lohnbeschränkungen" dank einer "erhöhten Unsicherheit der Arbeiter" beitragen. All dies vollzieht sich im Rahmen eines Wirtschaftsmodells, das einer rückständigen Welt mit viel Stolz angeboten wird und in privilegierten Kreisen höchste Bewunderung findet.

Um Christophers Versprechen für null und nichtig zu erklären, "sich niemals mit denen zu verbünden, die die Allgemeinen Menschenrechte untergraben", wandte man im Fall von Artikel 23 eine Reihe weiterer Methoden an. Die sich fortsetzende Zerstörung des Wohlfahrtssystems, das seit den 70er Jahren stark zurückgefahren worden ist, treibt viele mittellose Frauen auf den Arbeitsmarkt, wo sie an oder unter der Grenze des Niedriglohns mit begrenzter Rente und zahlreichen Regierungssubventionen arbeiten, damit Arbeitgeber sie gegenüber Niedriglohnarbeitern bevorzugen. Dadurch werden die Löhne wahrscheinlich auf ein Minimum gedrückt, was sich indirekt auch auf andere Bereiche auswirkt. Eine ähnliche Maßnahme ist die vermehrte Nutzung von Gefangenenarbeit in dem sich stark ausweitenden System sozialer Kontrolle. So verlegt z.B. der Konzern Boeing, der die Produktion von Zivilflugzeugen in den Vereinigten Staaten monopolisiert hat (und 60 Jahre lang durch massive staatliche Subventionen unterstützt wurde), nicht nur seine Produktionsanlagen nach China, sondern auch in Gefängnisse wenige Meilen von seinen Büros in Seattle entfernt; und dieses Beispiel ist nur eines unter vielen.[58] Gefangenenarbeit bietet eine Reihe Vorteile: Sie ist diszipliniert, sie wird öffentlich subventioniert, sie ist frei von Sozialabgaben, und sie ist "flexibel": verfügbar wenn Bedarf besteht, der staatlichen Unterstützung überlassen wenn nicht.

Sich auf Gefangenenarbeit zu verlassen, geht auf eine lange Tradition zurück. Die rasante industrielle Entwicklung im Südosten der Vereinigten Staaten vor einhundert Jahren basierte in hohem Maße auf der Arbeit (schwarzer) Strafgefangener, die man an den Höchstbietenden vermietete. Nach der Abschaffung der Sklaverei wurden durch die Strafgefangenenarbeit zahlreiche Grundelemente des Plantagensystems wieder eingeführt, nun jedoch zum Ziel der industriellen Entwicklung. Dies setzte sich bis in die

20er Jahre fort, in Mississippi bis zum Zweiten Weltkrieg. Industrielle aus dem Süden verwiesen darauf, dass Strafgefangenenarbeit "zuverlässiger und produktiver ist als freie Arbeit" und das Problem des Arbeiterwechsels sowie der Arbeiterinstabilität umgeht. Auch "beseitigt sie sämtliche Streikgefahren und -kosten", die zu jener Zeit ein ernstes Problem darstellten. Das Problem wurde durch staatliche Gewalt gelöst, wodurch die Arbeiterbewegung praktisch zerstört wurde. Auch verringert die Gefangenenarbeit die Löhne, die mit "freier Arbeit" zu verdienen sind (genau wie es bei "Wohlfahrtsreformen" der Fall ist). Das US-Arbeitsministerium berichtete: "Minenbesitzer [in Alabama] erklären, dass sie ohne den senkenden Effekt, der durch die Konkurrenz mit Strafgefangenenarbeit für die Löhne entsteht, keine Profite erwirtschaften könnten."[59]

Das Wiederaufleben dieser Methoden ist ganz logisch, während zugleich die überflüssige Bevölkerung in beispiellosem Ausmaß in die Gefängnisse getrieben wird.

Der Konsens von Washington

Der Angriff auf Artikel 23 ist nicht auf die Vereinigten Staaten beschränkt. Der *Internationale Bund freier Gewerkschaften* berichtet, dass "Gewerkschaften weltweit, in mehr Ländern als jemals zuvor unterdrückt werden", während "Armut und Ungleichheit in den Entwicklungsländern gewachsen sind. Die Globalisierung trieb sie in eine Abwärtsspirale zunehmend sinkender Arbeitsstandards, um Investoren anzulocken und den Bedürfnissen der Unternehmen nach raschem Profit Rechnung zu tragen", während sich die Regierungen "dem Druck der Finanzmärkte statt ihren eigenen Wählern beugen", gemäß dem "Konsens von Washington."[60*] Hier handelt es sich nicht um das Wirken "ökonomischer Gesetze", und genauso wenig um das, was "der freie Markt, in seiner unendlichen, aber mysteriösen Weisheit" entschieden hat,[61] wie gemeinhin angenommen wird. Vielmehr haben wir es mit den Folgen bewusster politischer Entscheidungen zu tun, die gemäß der real existierenden Lehre des freien Marktes getroffen wurden, im Zeitalter der "eindeutigen Unterwerfung der Arbeiter durch das Kapital", um es mit den Worten der Wirtschaftspresse zu sagen.[62]

Nation gleich Großkonzerne

Die Verachtung für die sozialen und wirtschaftlichen Bestimmungen der Allgemeinen Menschenrechte ist so tief verwurzelt, dass gar kein Mangel an Objektivität bemerkt wird, wenn eine Titelstory die beginnende britische Labor-

---

* "Der neoliberale 'Konsens von Washington' bezieht sich auf eine Reihe von Marktprinzipien, die die US-amerikanische Regierung mit den von ihr weitgehend beherrschten internationalen Finanzorganisationen entworfen und durchgesetzt hat (…) Die 'hauptsächlichen Architekten' des neoliberalen 'Konsens von Washington' sind die Herren und Meister der Privatwirtschaft, in der Hauptsache riesige Konzerne, die weite Bereiche der internationalen Wirtschaft kontrollieren und über Mittel zur Beherrschung der politischen Willensbildung wie zur Beeinflussung der öffentlichen Meinung verfügen." (Chomsky, Profit Over People, S. 21, 22 u. 23) (Anm. d. Übers.)

Regierung lobt, die Steuerlast von den "Großkonzernen" hin zu den arbeitenden Menschen und zur "Mittelschicht" verschoben zu haben, Schritte, die "Großbritannien noch weiter von Ländern wie Deutschland und Frankreich entfernen, die noch immer mit widerspenstigen Gewerkschaften, einem restriktiven Investitionsklima und kostspieligen Sozialleistungen zu kämpfen haben."[63] Industrie-"Länder" haben nie zu kämpfen mit hungernden Kindern, riesigen Profiten und dem steilen Anstieg der Entlohnung von Unternehmensbossen (die unter Thatcher doppelt so hoch war wie beim zweitplatzierten Land, den Vereinigten Staaten).[64] Von der "stillschweigenden Übereinkunft der Mehrheit" ausgehend, dass die "Nation" mit den "Großkonzernen" gleichzusetzen ist, leuchtet dieser Standpunkt ein. Gleiches gilt für die Doktrin über die Gesundheit der Wirtschaft – ein theoretisches Konstrukt, das mit der ökonomischen, gesellschaftlichen und sogar medizinischen Gesundheit der Bevölkerung in geringem Zusammenhang steht.

Das Multilaterale Investitionsabkommen

Das Multilaterale Investitionsabkommen (MAI), das seit Mai 1995 intensiv in der OECD diskutiert worden ist, wird wohl vermehrt dafür sorgen, dass unerwünschte, von den Allgemeinen Menschenrechten garantierte Menschenrechte für null und nichtig erklärt werden können. Sollten diese in Entwürfen skizzierten Pläne verwirklicht werden, ist zu erwarten, dass die Welt in Vertragsvereinbarungen "eingesperrt" wird, welche noch mächtigere Waffen zur Untergrabung von Sozialprogrammen wie auch zur Einschränkung demokratischer Politik darstellen. Die politische Entscheidungsbefugnis wird dann noch vollständiger in die Hände privater Gewalttyranneien übergeben, die zudem umfangreiche Mittel zur Marktbeeinflussung besitzen.[65] Diese Pläne wurden bei der Welthandelsorganisation (WTO) durch Proteste von "Entwicklungsländern" blockiert, die nicht als Ableger riesiger ausländischer Unternehmen enden wollen. Die Darstellungen der OECD könnten jedoch in besserem Licht dastehen, wenn sie der übrigen Welt als vollendete Tatsache präsentiert würden – mit den offensichtlichen Folgen. Außer in Kanada verlief all dies unter einem eindrücklichen "Schleier der Geheimhaltung", wie Sir Anthony Mason, der ehemalige Oberste Richter des australischen Obersten Gerichtshofs, sagte, als er die Entscheidung seiner Regierung verurteilte. Die australische Regierung hatte Verhandlungen über "ein Abkommen, das enorme Auswirkungen auf Australien haben könnte, wenn wir es unterzeichnen", der öffentlichen Entscheidung entzogen.[66] Die Geschäftswelt war von Anfang an in hohem Maße beteiligt gewesen, doch der Kongress und die Öffentlichkeit wurden im Dunkeln gelassen. Das war klug, wenn wir die öffentliche Meinung über solche Vereinbarungen bedenken. Die Meinung der Bevölkerung ist den Politik- und Medienführern und generell auch den "Meinungsmachern" nur allzu gut bekannt.[67]

Washingtons Ablehnung der wirtschaftlichen, sozialen und kulturellen Rechte, die durch die Allgemeinen Menschenrechte garantiert werden, findet gelegentlich Erwähnung,[68] wird in der Flut des Eigenlobs aber gewöhnlich ignoriert. Wird die Frage dennoch angesprochen, ruft sie meist Unverständnis hervor.

Die "panische Dritte Welt"

Ich möchte einige charakteristische Beispiele nennen. Die *Times*-Reporterin Barbara Crossette berichtete: "1993 hielt die Welt eine Menschenrechtskonferenz in Wien ab und wagte es, allgemeingültige Prinzipien festzulegen", doch der Fortschritt wurde von "panischen Ländern der Dritten Welt" verhindert. Amerikanische Diplomaten zeigen sich frustriert, "weil viele Länder sich weigern, eindeutige öffentliche Standpunkte über die Menschenrechte einzunehmen." Dennoch sind "Diplomaten der Meinung, dass sich mit Menschenrechtsverletzern jetzt objektiver und von Fall zu Fall verfahren lässt", nun, da der Kalte Krieg vorbei ist und die "Entwicklungsländer" nicht mehr "mit Unterstützung der Sowjetunion regelmäßig Resolutionen verabschieden können, die die Vereinigten Staaten, den Westen generell und auch Ziele wie Israel und das aparte Südafrika anklagen." Dennoch ist der Fortschritt mühsam: "Viele Leute bekunden ihre Zustimmung zu all den Ideen der Menschenrechte in der Gründungsurkunde, in der Menschenrechtserklärung und Ähnlichem" – doch jetzt nicht mehr, wie UN-Botschafterin Madeleine Albright (die nachfolgend Außenministerin wurde) feststellte.[69] Am Tag der Menschenrechte verurteilten die Herausgeber der *New*

York Times asiatische Nationen, weil sie die Allgemeinen Menschenrechte ablehnen und stattdessen dazu aufrufen, "die grundlegenderen Bedürfnisse der Menschen nach Lebensmitteln, Wohnung, medizinischer Versorgung und Schulbildung anzugehen"[70] – in Übereinstimmung zu den Allgemeinen Menschenrechten.

Die Logik, die sich dahinter verbirgt, ist ganz einfach: Da die Vereinigten Staaten diese Prinzipien der Allgemeinen Menschenrechte ablehnen, sind sie ungültig. Weil die asiatischen Länder diese Prinzipien befürworten, lehnen sie die Allgemeinen Menschenrechte ab.

Verwirrt über die Äußerung, dass "auch Nahrung und Wohnung zu den Menschenrechten gehören", erläuterte Seth Faison eine "dauernde Streitfrage in der Diplomatie zwischen den Vereinigten Staaten und China: den Gegensatz zwischen der amerikanischen Betonung individueller Freiheit und dem Drängen Chinas auf die größere Bedeutung des allgemeinen Wohls im Vergleich zu persönlichen Rechten." China fordert, dass es ein Recht auf "Nahrung, Kleidung, Wohnung, Bildung, Arbeit, Erholung und vernünftige Bezahlung" geben sollte und kritisiert die USA, weil sie diese Rechte nicht unterstützen, welche von den Allgemeinen Menschenrechten garantiert werden. Hierbei handelt es sich um "persönliche Rechte", die die Vereinigten Staaten ablehnen.[71]

Auch in diesem Fall ist die Logik verständlich genug, wenn die Leitprinzipien erst einmal verinnerlicht sind.

Als Folge der öffentlichen Bewegungen der 60er Jahre erlegte der Kongress der militärischen Unterstützung und den Handelsprivilegien Menschenrechtskonditionen auf, so dass das Weiße Haus sich gezwungen sah, verschiedene Umgehungswege zu finden. Diese wurden in Reagans Regierungszeit zu einer Farce: Immer wieder waren feierliche Lobreden auf die "Verhaltensverbesserungen" mordender und folternder US-Satellitenstaaten zu hören, was bei den Menschenrechtsorganisationen viel Spott hervorrief, jedoch keine Änderung der US-Politik zur Folge hatte. Die extremsten Fälle, die ich kaum zu diskutieren brauche, betrafen mittelamerikanische US-Satellitenstaaten. Es gibt auch weniger entsetzliche Fälle, angefangen beim Spitzenbezieher der US-Hilfe bis zum Ende der Liste. Wiederholt haben die größten Menschenrechtsorganisationen Israels "systematische Folterung und Misshandlung palästinensischer Bürger bei Verhören" verurteilt,[72] Hinrichtungen scheinbar ohne Prozess, die Legalisierung der Folter, Inhaftierungen ohne vorherige Anklage (einige im Libanon entführte Menschen saßen neun Jahre lang im Gefängnis; jetzt wurden sie vom Obersten Gerichtshof zu "legalen Spielkarten" im Geiseltausch erklärt[73]) und weitere Missbräuche. Folglich ist die US-Hilfe für Israel nach amerikanischem Recht eindeutig illegal, wie *Human Rights Watch* und *Amnesty International* nachdrücklich betont haben (dasselbe gilt für die US-Hilfe an Ägypten, an die Türkei, an Kolumbien und an weitere hochrangige Empfänger).[74] In ihrem Jahresbericht über US-Militärhilfe und Menschenrechte stellt *Amnesty International* – zum wiederholten Mal – fest, dass "überall auf der Welt jeden Tag wahrscheinlich ein Mann, eine Frau oder ein Kind durch Regierungen oder bewaffnete politische Gruppen vertrieben, gefoltert, umgebracht werden oder 'verschwinden.' In den meisten Fällen tragen die Vereinigten Staaten eine Mitschuld" – ein Umstand, der "die [Gesetzgebung des Kongresses] zu einer Farce werden lässt und die Zusage von US-Sicherheitshilfe mit der Menschenrechtsgeschichte eines Landes in Verbindung bringt."[75] Derlei Argumente rufen weder Interesse noch Reaktionen hervor, denn es herrscht die "stillschweigende Übereinkunft der Mehrheit", dass Gesetze nur dann verbindlich sind, wenn die Machtinteressen es diktieren.

Sanktionen

Zudem bedienen sich die Vereinigten Staaten regelmäßig Sanktionen, angeblich um Menschenrechtsverletzungen zu bestrafen, und aus Gründen der "nationalen Sicherheit." Von 116 seit Ende des Zweiten Weltkrieges verhängten Sanktionen wurden 80 Prozent von den Vereinigten Staaten im Alleingang in die Wege geleitet, ein Verfahren, das oft zu internationaler Verurteilung führte – besonders die Sanktionen gegen Kuba, die seit 1961 bestehen und mit Abstand die brutalsten sind.[76] Seit Anfang der 70er Jahre wurden von Menschenrechtsprogrammen des Kongresses und der Öffentlichkeit gelegentlich auch Sanktionen gegen schwere Menschenrechtsverletzer gefordert; außerhalb der Sowjetunion war Südafrika das Hauptziel dieser Aufrufe. Der weltweite Druck zeigte Wirkung. 1976 forderte die UN-Generalversammlung den Internationalen Währungsfond (IWF) auf, "unverzüglich die Ausweitung der Kreditvergaben an Südafrika zu unterlassen." Am darauffolgenden Tag gewährte der IWF (auf eine Initiative der Vereinigten Staaten und Großbritanniens hin) Südafrika mehr finanzielle Mittel als allen übrigen schwarzafrikanischen Ländern zusammen, mehr als jeder Nation der Welt mit Ausnahme Großbritanniens und Mexikos. In ihren ersten Jahren versuchte die Regierung Carter (vergeblich), Versuche des Kongresses zu verhindern, der IWF-Finanzierung Südafrikas Menschenrechtskonditionen aufzuerlegen (sie behauptete, "nichtökonomische Einflüsse" zu bekämpfen, die sie unter falschem Vorwand erfand, um Zahlungen an Vietnam zu verhindern).[77] Nach langer Verzögerung und einer Reihe von Ausreden wurden 1985 und 1986 schließlich Sanktionen verhängt (trotz Reagans Veto), doch die Regierung "schuf offenkundige Schlupflöcher", die in der Zeit zwischen 1985 und 1988 die US-Exporte um 40 Prozent ansteigen ließen, während 1988 die US-Importe nach einem kurzen Rückgang wieder um 14 Prozent wuchsen. "Der bedeutendste ökonomische Faktor war eine Minderung des Investitionskapitals und eine Abnahme der Zahl beteiligter ausländischer Firmen."[78]

Indonesien und Osttimor

Welche Rolle die Sanktionen spielen, wird in dramatischer Weise durch Indonesien, dem Sprachrohr des "dreckigen Dutzends", veranschaulicht. Nachdem 1958 eine großangelegte CIA-Operation gescheitert war, einen Aufstand in

Indonesien zu entfachen, bedienten sich die Vereinigten Staaten anderer Methoden, um die Regierung Sukarno zu stürzen. Mit Ausnahme von Militärhilfe und -ausbildung wurde die Hilfe eingestellt. Das ist das Standardverfahren zur Entfachung eines Militärputsches, zu dem es schließlich 1965 kam. Während das neue Suharto-Regime innerhalb weniger Monate rund 500.000 Menschen abschlachtete, vorwiegend landlose Bauern, vergrößerte sich die US-Hilfe. In den Sälen des Kongresses war keine Verurteilung zu vernehmen, keine der führenden US-amerikanischen Hilfsorganisationen kam den Opfern zu Hilfe. Ganz im Gegenteil: Das Massaker (das die CIA mit denen Stalins, Hitlers und Maos verglich) rief in einer sehr enthüllenden Episode, die gerne vergessen wird, unverhüllte Euphorie hervor.[79] Die Weltbank machte Indonesien rasch zu ihrem drittgrößten Kreditnehmer. Die Vereinigten Staaten, andere westliche Regierungen wie auch Konzerne taten es der Weltbank gleich.

Als die neue indonesische Regierung sich daranmachte, eines der schlimmsten Ereignisse in der Geschichte der Menschenrechte zu verwirklichen, dachte man nicht über Sanktionen nach, auch nicht als Indonesien seine mörderischen Aggressionen in Osttimor beging, die in der zunehmenden Literatur über "humanitäre Interventionen" aus irgendeinem Grund noch keinen Platz gefunden haben – zurecht, denn warum sollte man eingreifen, um den diplomatischen und militärischen Beitrag der Vereinigten Staaten und ihrer Alliierten zu beenden, der entscheidend an den Taten beteiligt war? Nach dem Dili-Massaker im Jahre

1991 untersagte der Kongress schließlich die US-Militärausbildung. In den folgenden Jahren traten die gewöhnlichen Muster zutage. Mit taktvoller Auswahl des Jahrestags der indonesischen Invasion gab Clintons Außenministerium bekannt: "Die vom Kongress erlassenen Gesetze verbieten nicht, dass Indonesien seine Militärausbildung mit eigenem Geld bezahlt." Somit kann Indonesien ungeachtet des Verbots mit der Ausbildung fortfahren, während Washington vielleicht aus einer anderen Tasche zahlt. Von den Verlautbarungen des Außenministeriums wurde kaum Notiz genommen.[80] Unter dem üblichen "Schleier der Geheimhaltung" brachte der Kongress seine "Empörung" zum Ausdruck und wiederholte, dass "der Kongress nach wie vor beabsichtigt, die an Indonesien vergebene US-Militärausbildung zu verbieten" (so der Haushaltsausschuss): "Wir wollen nicht, dass US-Regierungsmitarbeiter Indonesier ausbilden", wiederholte ein Regierungsvertreter entschieden, aber wirkungslos.[81] Statt Sanktionen zu verhängen oder gar die Militärhilfe zu begrenzen, versuchten die Vereinigten Staaten, Großbritannien und andere mächtige Länder, sich zu bereichern, indem sie sich an Indonesiens Verbrechen beteiligten.

In Indonesien, einem Land, in dem die Löhne halb so hoch sind wie in China, gehen Terror und Aggressionen ungehindert weiter, auch die brutale Unterdrückung der Gewerkschaften. Mit Unterstützung der Demokraten im Senat war es Clinton möglich, über die Hilfe an Indonesien Gewerkschafts- und weitere Menschenrechtsbestimmungen zu blockieren. Als der Handelsbeauftragte Mickey

Kantor bekanntgab, dass man einen Bericht über die indonesischen Gewerkschaftspraktiken aufgeschoben hatte, lobte er Indonesien dafür, dass es "seine Arbeitsgesetze und Arbeitspraktiken in engere Übereinstimmung mit den internationalen Normen gebracht" hätte – ein besonders geschmackloser Witz.[82]

Unangenehme Enthüllungen

Lehrreich ist auch die Geschichte der Sanktionen gegen Haiti nach dem Militärputsch im September 1991, durch den Haitis erste demokratisch gewählte Regierung nach siebenmonatiger Amtszeit gestürzt wurde. Nach der Wahl von Präsident Aristide läuteten in den Vereinigten Staaten die Alarmglocken, denn man hatte zuversichtlich den Sieg des eigenen Kandidaten, des Weltbankfunktionärs Mark Bazin, erwartet, der nur 14 Prozent der Stimmen erhielt. Washington Reaktion bestand darin, die Unterstützung auf gegen Aristide gerichtete Kräfte zu verlagern und, wie erwähnt, erstmals Asylgesuche zu akzeptieren. Nachdem die Militärjunta eine Terrorherrschaft entfesselt hatte, die Tausende ermordete, wurde die gewöhnliche Situation der Missachtung von Artikel 14 der Allgemeinen Menschenrechte wiederhergestellt. Die Organisation amerikanischer Staaten (OAS) verhängte ein Embargo, das die Regierung Bush rasch unterlief, indem sie US-Konzerne davon ausnahm: eine "Feineinstellung" der Sanktionen, verkündete die Presse, die zu dem "jüngsten Versuch" der Regierung Bush gehörte, "effektivere Wege" zu finden, um "den

Zusammenbruch der Regierung Haitis zu beschleunigen, die sie als illegal ansieht."[83] 1992 blieb der Handel zwischen den Vereinigten Staaten und Haiti auf einem hohen Niveau und wuchs um beinahe 50 Prozent, als Clinton die Verstöße gegen das Embargo ausweitete – darunter Ankäufe der US-Regierung, die enge Verbindungen zu Haitis herrschenden Folterern und Mördern aufrechterhielten. Wie eng die Zusammenarbeit tatsächlich war, wissen wir nicht, da die Regierung Clinton sich weigert, 160.000 Seiten Dokumente an Haiti auszuhändigen, die US-Militärs beschlagnahmten, "um unangenehme Enthüllungen" über die Beteiligung der US-Regierung am Terror-Regime "zu vermeiden", wie *Human Rights Watch* berichtet.[84] Nachdem jene öffentlichen Organisationen, die Aristide zur Macht verholfen hatten, drei Jahre des Terrors ausgesetzt worden waren, und nachdem Aristide zugesagt hatte, das extrem neoliberale Programm des gescheiterten Kandidaten Washingtons zu übernehmen, erlaubte man ihm die Rückkehr nach Haiti.

Offizielle im US-Justizministerium enthüllten, dass die Regierungen Bush und Clinton das Embargo praktisch bedeutungslos hatten werden lassen, indem sie illegale Öllieferungen an die Militärjunta und an deren reiche Unterstützer autorisierten. Der Ölgesellschaft *Texaco* teilte man mit, dass sie für Verstöße gegen die Anordnungen des Präsidenten vom Oktober 1991, die solche Lieferungen untersagt hatten, nicht bestraft werden würde. Ein Tag, bevor die US-Truppen 1994 in Haiti landeten, um "die Demokratie wiederherzustellen", wurde diese Mitteilung von prominenter Seite veröffentlicht; seither wartet sie jedoch darauf, zur breiten Bevölkerung vorzudringen, und ein wahrscheinlicher Kandidat für einen Eintrag in die Geschichtsbücher ist sie nicht.[85] Dies gehörte zu den zahlreichen Maßnahmen, durch die man sicherstellen wollte, dass die öffentlichen Bewegungen, die Haiti die Demokratie gebracht hatten, in der künftigen "Demokratie" wenig zu sagen haben würden. Die Clinton-Regierung lobte dies als großartige Bemühung zur "Wiederherstellung der Demokratie", als Musterbeispiel für die Clinton-Doktrin.[86] Sie erhielt allgemeinem Applaus, mit Ausnahme derer, die meinen, dass wir im Namen der "globalen Verbesserung" zu viele Opfer bringen würden. Nichts dergleichen sollte diejenigen verwundern, denen es misslungen ist, sich vor "unangenehmen Tatsachen" zu immunisieren.

Die wahre Bedeutung der Sanktionen wurde vom *Wall Street Journal* offen zur Sprache gebracht, in einem Bericht über die Forderung nach Wirtschaftssanktionen gegen Nigeria. "Die meisten meinen, dass Sanktionen gegen Nigeria nichts bringen werden." Die Überschrift lautete: "Anders als in Südafrika könnte ein Embargo dem Westen schaden."[87] Kurz, die Einhaltung der Menschenrechte ist zweckgebunden. Werden gewisse Interessen bedient, sind die Menschenrechte wichtig und gelten gar als große Ideale; andernfalls setzt sich der pragmatische Ansatz durch. Auch das sollte nicht überraschen: Staaten sind keine moralischen Wesen; Menschen sind es und können mächtigen Institutionen moralische Normen auferlegen. Tun sie es nicht, werden die schönen Worte Waffen bleiben.

Das "Demokratische Gesetz Kubas"

Und zwar tödliche Waffen. Ein eindrucksvolles Beispiel ist der US-Wirtschaftskrieg gegen Kuba über einen Zeitraum von 35 Jahren. Das im Alleingang in die Wege geleitete US-Embargo gegen Kuba, das seit 1961 besteht, ist das längste der Geschichte. Es ist einzigartig im Ausmaß der Vorenthaltung von Lebensmitteln und Medizin. Als der Zerfall der Sowjetunion den üblichen Vorwand der Sicherheitsgründe wegfallen ließ und die Hilfe des Sowjetreichs beseitigte, reagierten die Vereinigten Staaten, indem sie das Embargo weiter verstärkten. Dies geschah unter einem neuen Namen, welcher Orwell hätte aufhorchen lassen: das "Demokratische Gesetz Kubas" (CDA) von 1992, das von liberalen Demokraten in die Wege geleitet und von Präsident Clinton stark unterstützt wurde, während er zugleich die Sanktionen gegen Haitis Massenmörder verhinderte. Eine über Jahre durchgeführte Studie der Amerikanischen Vereinigung für Weltgesundheit deckte auf, dass diese Eskalation des Wirtschaftskriegs seitens der USA einen "tragischen menschlichen Tribut" gefordert hatte, der zu "schwerwiegender Unterernährung" und zu "einem verheerenden Ausbruch neuropathischer Leiden mit zehntausenden Erkrankten" führte. Auch verursachte das Gesetz einen starken Rückgang von Medikamenten, medizinischer Versorgung und medizinischem Wissen, was Kinder "entsetzliche Schmerzen" aufgrund des Medikamentenmangels erleiden ließ. Das Embargo untergrub Kubas Fortschritt, seine Bevölkerung mit einer Wasserversorgung auszustatten, und neben weiteren Auswirkungen wurde Kubas fortschrittliche Biotechnologieindustrie zerstört. Nach Auferlegung des CDA verschlimmerte sich die Situation beträchtlich: Die Folge war ein 90-prozentiger Rückgang des zugelassenen Verkaufs und der genehmigten Schenkung von Lebensmitteln und medizinischer Versorgung im Zeitraum eines Jahres. Eine "humanitäre Katastrophe wurde nur verhindert, weil die kubanische Regierung" ein Gesundheitssystem "am Leben erhielt, das in der gesamten Dritten Welt als hervorragendes Modell angesehen wird."[88]

Diese Vorkommnisse gelten nicht als Menschenrechtsverletzungen; die Darstellung für die Öffentlichkeit lautet, dass die Sanktionen zum Ziel hätten, Kubas Menschenrechtsverletzungen zu überwinden.

Die Vereinten Nationen haben das Embargo wiederholt verurteilt. Die "Interamerikanische Kommission für Menschenrechte" der OAS (Organisation amerikanischer Staaten) brandmarkte die US-Lieferbeschränkungen gegen Kuba, Nahrung und Medikamente betreffend, als Verletzung internationaler Rechte. Jüngst wurde das Embargo ausgeweitet (das Helms-Burton-Gesetz, in der Fachsprache "Gesetz für die Freiheit und demokratische Solidarität Kubas"), das einstimmig durch die OAS verurteilt wurde. Im August 1996 urteilte der Gerichtsausschuss der OAS ohne Gegenstimme, dass das Gesetz gegen internationale Rechte verstoße.

Die Reaktion der Clinton-Regierung darauf war, dass sie die Medikamentenlieferungen zwar nicht ausdrücklich verbot, sondern sie einfach durch Vorkehrungen verhinderte, die so lästig und abschreckend sind, dass selbst die größten Konzerne nicht die Bürde der Folgen tragen wollen (hohe Geld- und Gefängnisstrafen für Handlungen, die gegen Washingtons Bestimmung der "richtigen Verteilung" verstoßen; Verbot von Schiffs- und Flugzeuglieferungen; Medienkampagnen usw.). Während Lebensmittellieferungen faktisch unterbunden sind, behauptet die US-Regierung, es gebe "zahlreiche Versorger" aus anderen Ländern (was mit weit höheren Kosten einhergeht), weshalb der direkte Verstoß gegen internationales Recht kein Verstoß sei. Medikamentenlieferungen an Kuba wären für "die Interessen der US-Außenpolitik schädlich", erklärte die Regierung. Als sich die Europäische Union bei der WTO (Welthandelsorganisation) darüber beschwerte, dass das Helms-Burton-Gesetz (das sich auf die Bestrafung Dritter ausweiten lässt) gegen die Handelsvereinbarungen verstößt, lehnte die Regierung Clinton die Rechtsprechung der WTO ab. Gleiches hatten schon die Vorgänger der Clinton-Regierung getan, als sich Nicaragua vor dem Weltgerichtshof wegen des internationalen US-Terrorismus und wegen des illegalen amerikanischen Wirtschaftskriegs beschwerte (und Bestätigung erhielt, was jedoch bedeutungslos war). Clintons Reaktion, für die zynisch nicht das richtige Wort ist, bestand darin, dass er Kuba wegen seiner Undankbarkeit "gegenüber dem Demokratischen Gesetz Kubas" geißelte – eine entgegenkommende Geste, die der Verbesserung der amerikanisch-kubanischen Beziehungen dient.[89]

Unruhestiftung in der Hemisphäre

Der offizielle Standpunkt der Regierung Clinton ist, dass Kuba eine Bedrohung für die nationale Sicherheit der Vereinigten Staaten darstellt und die WTO daher eine ungeeignete Instanz sei: "Seit Anfang der 60er Jahre basiert die Politik beider Parteien [in den Vereinigten Staaten] auf der Vorstellung, dass wir einige Meilen von unseren Grenzen entfernt mit einem feindseligen, unfreundlichen Regime konfrontiert sind. Sämtliche Handlungen, die zur Stärkung dieses Regimes unternommen werden, ermutigen es nicht nur, seine Feindseligkeiten fortzusetzen, sondern darüber hinaus unaufhörlich den Versuch zu unternehmen, große Teile Lateinamerikas zu destabilisieren."[90] Arthur Schlesinger, jener Historiker, der "als Beteiligter an der Kubapolitik der Kennedy-Regierung" schrieb, kritisierte diesen Standpunkt. Die Clinton-Regierung, so gab er zu verstehen, hat die Gründe für die Sanktionen falsch verstanden: Die Kennedy-Regierung war um Kubas "Unruhestiftung in der Hemisphäre" und seine "Verbindungen zur Sowjetunion" besorgt. Weil diese Verbindungen nun nicht mehr bestehen, so Schlesinger, sei die Politik folglich unzeitgemäß.[91]

Im Geheimen hatte Schlesinger erklärt, was unter jener "Unruhestiftung in der Hemisphäre" zu verstehen sei: Im Jargon der Clinton-Anhänger ist es der Versuch, Lateinamerika zu "destabilisieren." Die von Kuba ausgehende Bedrohung erklärte Schlesinger in einem Bericht über die Vollendung einer Mission in Lateinamerika Anfang 1961, welchen er an den neu gewählten Präsidenten Kennedy schrieb, als "die Ausbreitung von Castros Idee, die Dinge selbst in die Hand zu nehmen." Dies, so ergänzte er, stelle ein ernstes Problem dar, da "die Verteilung von Grundbesitz und anderer nationaler Reichtümer" "die besitzenden Klassen" in ganz Lateinamerika "stark begünstigt", und "die Armen und die Unterprivilegierten – angespornt durch das Beispiel der kubanischen Revolution – nun einen akzeptablen Lebensstandard einzufordern beginnen." Schlesinger erklärte auch, was sich hinter der Gefahr der "Verbindung zur Sowjetunion" verbirgt: "Währenddessen steht die Sowjetunion in den Startlöchern, vergibt enorme Entwicklungskredite und präsentiert sich als Modell für die Verwirklichung einer Modernisierung innerhalb nur einer einzigen Generation."[92]

Offiziell geben die Vereinigten Staaten zu, dass "das absichtliche Behindern der Lieferung von Lebensmitteln und medizinischen Versorgungsgütern" an die Zivilbevölkerung "die internationalen Menschenrechte verletzt"; sie "versichern wiederholt: Wer immer etwas Derartiges ausführt oder anordnet, wird persönlich dafür verantwortlich gemacht."[93] Gemeint ist Bosnien-Herzegowina. Der Präsident der Vereinigten Staaten ist eindeutig "persönlich verantwortlich" für die dortige "Verletzung der internationalen Menschenrechte." Oder er wäre es, gäbe es nicht die "stillschweigende Übereinkunft der Mehrheit" bezüglich ihrer selektiven Durchsetzung, die mit so absoluter Macht unter den westlichen Relativisten vorherrscht, dass selbst einfache Tatsachen kaum wahrnehmbar sind.

Die Bedingungen "freier Arbeit"

Im Gegensatz zu diesen Verbrechen sind die ständigen Verdrehungen der Menschenrechte durch die chinesische Regierung ein Diskussionsthema. Man sollte jedoch hinzufügen, dass viele der wichtigsten Fragen kaum einmal gestellt werden, besonders die schrecklichen Bedingungen der chinesischen Arbeiter. In Fabriken eingeschlossen verbrennen Hunderte, meist Frauen. Nach Angaben der chinesischen Regierung gab es 1995 über 18.000 Todesfälle durch Industrieunfälle und weitere schwere Verletzungen internationaler Abkommen.[94] Zwar wurden die chinesischen Arbeitspraktiken verurteilt, die Nutzung von Gefangenenarbeit für Exporte in die USA jedoch nur am Rande. Auf dem Höhepunkt der amerikanisch-chinesischen Konfrontation in Menschenrechtsfragen berichteten Titelstorys, dass Washingtons Menschenrechtskampagne einige Erfolge gefeiert hätte: China "stimmte der Forderung zu, häufigere Besuche amerikanischer Zollinspektoren in chinesischen Gefängnisfabriken zu erlauben, um sicherzustellen, dass keine Waren produziert werden, die für den Export in die Vereinigten Staaten bestimmt sind." Auch wurde Amerikas Forderung nach "Liberalisierung" wie auch nach Gesetzen akzeptiert, die "wesentliche Elemente der Marktwirtschaft sind." All dies seien willkommene Schritte zu einer "Aufwärtsdynamik."[95]

Die Bedingungen der "freien Arbeit" werden in diesem Zusammenhang nicht erwähnt, führen jedoch zu anderen Problemen: "Chinesische Offizielle und Experten" stellen fest, dass die Verdopplung der industriebedingten Todesfälle 1992 sowie die "entsetzlichen Arbeitsbedingungen", die "mit langen Arbeitsstunden, unzureichender Bezahlung und sogar körperlicher Züchtigung einhergehen, zu nie dagewesenen Arbeiteraufständen in Chinas boomenden ausländischen Joint Ventures führen." Diese "Spannungen offenbaren die tiefe Kluft zwischen konkurrierenden ausländischen Kapitalisten, die durch billige chinesische Arbeitskräfte angelockt werden, und Arbeitern, die von der Wiege bis zur Bahre von der sozialistischen Jobsicherheit und vom Sicherheitsnetz verwöhnt werden." Während die Arbeiter die freie Welt betreten, verstehen sie noch nicht, dass man sie "schlägt, wenn sie Waren niederer Qualität produzieren, feuert, wenn sie während der langen Arbeitsstunden einschlafen" oder ähnliche Untaten begehen, und in ihren Fabriken einschließt, wo sie zu Tode verbrennen. Doch offensichtlich versteht es der Westen. Daher fordert er China nicht auf, Rechenschaft über diese Verstöße gegen die Arbeiterrechte abzulegen, sondern nur über den Export von Gefangenenprodukten in die Vereinigten Staaten.

Diese Differenz ist schnell erklärt: Gefängnisfabriken sind in Staatsbesitz befindliche Industriebetriebe, deren Exporte in die Vereinigten Staaten die Profite beeinträchtigen, was jedoch nicht für das Schlagen und Ermorden von Arbeitern und andere Maßnahmen gilt, die der Verbesserung der Bilanz dienen. Die herrschenden Prinzipien werden dadurch verdeutlicht, dass die bestehenden Regelungen es den Vereinigten Staaten erlauben, Gefangenenwaren zu exportieren. China beugte sich den amerikanischen Maßregeln für den Export von Gefängnisprodukten in die Vereinigten Staaten, während Kalifornien und Oregon Gefängniswaren nach Asien exportierten – darunter spezielle Jeans, Hemden sowie eine Unterhosenserie, die originell "*Prison Blues*" genannt wird. Die Bezahlung der Gefangenen liegt weit unter dem Mindestlohn. Darüber hinaus arbeiten sie in Verhältnissen der "Sklavenarbeit", wie Gefangenenrechtsaktivisten in den Vordergrund gestellt haben. Ihre Produktion beeinträchtigt jedoch nicht die Rechte, auf die es ankommt (wie ich bereits dargestellt habe, fördert sie diese Rechte auf verschiedene Art). Einwände wären folglich fehl am Platz.[96]

Die Wunder des Marktes

Als mächtigste Nation der Welt machen die Vereinigten Staaten ihre eigenen Gesetze, gehen dabei mit Gewalt vor und führen Wirtschaftskriege nach Belieben. Außerdem drohen sie Ländern, die die je nach Wunsch wandelbaren Vorstellungen des "Freihandels" nicht befolgen, mit Sanktionen. Einer solchen Drohung bediente sich Washington mit großer Wirkung (unter Zustimmung des GATT, des allgemeinen Zoll- und Handelsabkommens), um asiatische Märkte gewaltsam für amerikanische Tabakexporte und -werbung zu öffnen, die vor allem auf den wachsenden Markt von Frauen und Kindern zielen. Das US-Landwirtschaftsministerium bewilligte Tabakfirmen Subventionen, um im Ausland das Rauchen zu fördern. Asiatische Länder unternahmen Versuche, Bildungskampagnen gegen das Rauchen durchzuführen – doch waren sie überwältigt von den Wundern des Marktes, welche durch Sanktionsdrohungen seitens der amerikanischen Staatsmacht weitere Rückendeckung erhalten. Der Konzern Philip Morris, dessen Werbe- und Promotionsbudget im Jahr 1992 an die 9 Milliarden Dollar betrug, wurde zu Chinas größtem Werbekunden. Die Reaganschen Sanktionsdrohungen hatten zur Folge, dass Werbung und Promotion des Zigarettenrauchens in Japan, Taiwan und Südkorea und auch der Konsum dieser tödlichen Substanzen beträchtlich zunahmen (besonders US-Marken). Als die Märkte 1988 gewaltsam den tödlichen amerikanischen Drogen geöffnet wurden, wuchs die Raucherrate z.B. in Südkorea um mehr als das Dreifache. 1989 weitete die Regierung Bush – in gerade jener Zeit, als sie lautstark den "Krieg gegen Drogen" verkündete – die Drohungen auf Thailand aus; die Medien waren freundlich genug, die Gleichzeitigkeit der Ereignisse zu übersehen; sie ignorierten sogar die empörten Anklagen des sehr konservativen Militärarztgenerals Everett Koop. Der Epidemiologe Richard Peto von der Universität Oxford schätzt, dass unter jenen chinesischen Kindern, die gegenwärtig unter 20 Jahre alt sind, 50 Millionen an Krankheiten sterben werden, die mit dem Rauchen in Zusammenhang stehen – eine Leistung, die selbst an den Maßstäben des 20. Jahrhunderts gemessen einen der vordersten Plätze belegt.[97]

Der Mythos des Drogenkriegs

Während die Staatmacht im Interesse der Agrarindustrie energisch den Drogenmissbrauch vorantreibt, lässt sie in anderen Fällen höchst selektive Maßnahmen zur Anwendung kommen. Im "Krieg gegen die Drogen" spielten die Vereinigten Staaten eine aktive Rolle bei den ungeheuren Grausamkeiten, die Sicherheitskräfte und ihre paramilitärischen Verbündeten in Kolumbien anrichteten, dem führenden Menschenrechtsverletzer Lateinamerikas und dem führenden Empfänger von US-Hilfe und -Ausbildung – die unter Clinton, gemäß der erwähnten Standardpraktiken, noch ausgebaut wurden. Wie *Amnesty International* und andere Ermittler berichten, ist der Drogenkrieg "ein Mythos." Sicherheitskräfte arbeiten eng mit Drogenhändlern und Grundbesitzern zusammen, während sie die üblichen Opfer ins Visier nehmen, darunter Gemeindeleiter, Menschenrechtsaktivisten, im Gesundheitswesen Tätige, Gewerkschaftsaktivisten, Studenten, die politische Opposition, in erster Linie aber Bauern – und das in einem Land, in dem Demonstrationen ein Verbrechen sind. Die militärische Unterstützung für die Mörder wird "auf ein Rekordniveau" steigen, berichtete *Human Rights Watch* – 50 Prozent über den Höchststand von 1996. *Amnesty International* berichtet, dass "beinahe jede kolumbianische Militäreinheit, die *Amnesty* zufolge vor zwei Jahren in den Mord an Zivilisten verwickelt war, dies mithilfe von Waffen tat, die aus den USA geliefert wurden", und die sie weiterhin erhalten, mitsamt militärischer Ausbildung.[98]

Entscheidende Ausnahmen

Die Allgemeinen Menschenrechte rufen alle Staaten dazu auf, die beschlossenen Rechte und Freiheiten zu fördern und so zu handeln, dass "ihre universelle und wahrhafte Anerkennung und Einhaltung sichergestellt" werden. Das soll durch verschiedene Mittel geschehen, u.a. durch die Unterzeichnung von Verträgen und die Ermächtigung zur Gesetzgebung. Derlei internationale Vereinbarungen gibt es viele, sie werden genauso geachtet wie die Allgemeinen Menschenrechte. Die von den Vereinten Nationen im Dezember 1989 beschlossene Kinderrechtskonvention wurde von allen Staaten mit Ausnahme der Vereinigten Staaten und Somalias ratifiziert. Nach langer Verzögerung unterzeichneten die Vereinigten Staaten das internationale Abkommen über zivile und politische Rechte (ICCPR), "dem wichtigsten Vertrag zum Schutze" jener Subkategorie von Rechten, die – wie *Human Rights Watch* und die *American Civil Liberties Union* in einem Bericht über die sich fortsetzende Nichtbeachtung der Vertragsbestimmungen seitens der Vereinigten Staaten feststellen – zu befürworten der Westen behauptet. Die Regierung Bush sorgte dafür, dass der Vertrag wirkungslos blieb, und zwar "durch zahlreiche Vorbehalte, Erklärungen und Vereinbarungen" mit dem Ziel, jene Bestimmungen zu beseitigen, die diese Rechte fördern könnten. Außerdem erklärte sie, die Vereinigten Staaten würden in voller Übereinstimmung mit den übrigen Bestimmungen handeln. Der Vertrag "setzt sich nicht von allein um" und ist mit keiner Ermächtigung zur Gesetzgebung verbunden. Folglich können sich die US-Gerichtshöfe nicht auf ihn berufen. Die Unterzeichnung war "für die Amerikaner eine Handlung ohne Inhalt", folgerte der Bericht von *Human Rights Watch* und von der *American Civil Liberties Union.*[99]

Die Ausnahmen sind von entscheidender Bedeutung, denn, so der Bericht weiter, die Vereinigten Staaten verstoßen gegen den Vertrag "in wesentlichen Punkten."[100] Ein Beispiel: Die Vereinigten Staaten bekundeten gewisse Vorbehalte gegenüber Artikel 7 des ICCPR, der besagt, dass "niemand der Folter oder einer anderen grausamen, unmenschlichen oder erniedrigenden Behandlung oder Bestrafung ausgesetzt werden darf." Der Grund für die Vorbehalte ist, dass diese Bestimmungen (wie sie allgemein verstanden werden) durch die in US-Gefängnissen herrschenden Bedingungen verletzt werden, und zudem verstößt die dortige Situation auch stark gegen die Bestimmungen über die humane Behandlung von Gefangenen im 10. Artikel – darunter das Recht auf "Erneuerung und soziale Wiedereingliederung", das die Vereinigten Staaten ablehnen. Ein weiterer amerikanischer Vorbehalt betrifft die Todesstrafe, die nicht nur weit häufiger als üblich zur Anwendung kommt, sondern auch "höchst diskriminierend eingesetzt wird", wie der Bericht von *Human Rights Watch* und der *American Civil Liberties Union* sowie andere Studien folgern. Hinzu kommt, dass "in den Vereinigten Staaten mehr Jugendstraftäter im Todestrakt sitzen als in jedem anderen Land der Welt", berichtet *Human Rights Watch.*[101] Eine UN-Menschenrechtsstudie deckte einen

Verstoß der Vereinigten Staaten gegen jenes Abkommen auf, das die Hinrichtung Jugendlicher verbietet (die vor Erreichen des 18. Lebensjahrs ein Verbrechen begingen); nur der Iran, Pakistan, Saudi Arabien und der Jemen gesellen sich in dieser Hinsicht zu den Vereinigten Staaten. In demokratischen Industrienationen sind Hinrichtungen eine Seltenheit, auf der ganzen Welt sind sie rückläufig. In den Vereinigten Staaten nehmen sie zu, wie der UN-Bericht feststellt, sogar in ihrer Anwendung auf Jugendliche, geistig behinderte Menschen und Frauen.[102]

Die Vereinigten Staaten erkennen das UN-Abkommen gegen Folter und gegen andere grausame, inhumane und erniedrigende Behandlungen oder Bestrafungen an. Doch der Senat erlegte dem Abkommen Beschränkungen auf, u.a. um ein Urteil des Obersten Gerichtshofs zu schützen, das Prügelstrafen in Schulen erlaubt.[103]

Die Gefangenenpopulation

Außerdem sieht *Human Rights Watch* "unverhältnismäßig hohe" und "extrem übertriebene" Strafgesetzverfahren als Verstoß gegen Artikel 5 der Allgemeinen Menschenrechte, der "grausame, inhumane und erniedrigende Behandlungen oder Bestrafungen" verbietet. Damit sind besonders Gesetze gemeint, die "den Besitz einiger Gramm Kokain oder einen 'Straßenverkauf' in Höhe von 20 Dollar als gefährlicheres oder schwerwiegenderes Delikt" behandeln "als die Vergewaltigung einer Zehnjährigen, das Anzünden eines Gebäudes, in dem sich Menschen aufhalten, oder des Tötens in der Absicht, einem Menschen schwere Verletzungen zuzufügen" (so ein Zitat eines Bundesrichters). Seit dem Beginn des "Neoliberalismus" der Reagan-Anhänger stieg die Anzahl an Freiheitsstrafen, die in der Nachkriegszeit relativ stabil gewesen war, sprunghaft an, verdreifachte sich unter Reagan, nimmt seitdem weiter stark zu und hat schon lange die anderen Industriegesellschaften weit hinter sich gelassen. 84 Prozent des Anstiegs von Gefängniseinweisungen ist auf nicht gewalttätige Straftaten zurückzuführen und steht meist mit Drogen in Zusammenhang (inklusive ihres Besitzes). 1980 waren 22 Prozent der Einweisungen in Bundesgefängnisse auf Drogenstraftaten zurückzuführen, 42 Prozent 1990, und 58 Prozent 1992. Die Vereinigten Staaten sind offenbar Weltmeister im Einsperren der eigenen Bevölkerung (womöglich teilen sie sich diese Auszeichnung mit Russland und China, wo die Datenlage unklar ist). Ende 1996 erreichte die Gefangenenpopulation eine Rekordzahl von 1,2 Millionen Menschen – eine Zunahme von 5 Prozent im Vergleich zum Vorjahr. Das Bundesgefängnissystem überschreitet sein Aufnahmevermögen um 25 Prozent, und für Staatsgefängnisse gilt fast dasselbe. In der Zwischenzeit sind die Verbrechensraten weiter zurückgegangen.[104]

"Die neue Apartheid Amerikas"

1998 befanden sich beinahe 1,7 Millionen Menschen in staatlichen, bundesstaatlichen oder lokalen Gefängnissen. Die durchschnittlichen Strafen für Mord und andere Gewalttaten sind deutlich zurückgegangen, während die Strafen für Drogenkriminalität in die Höhe geschossen sind und besonders auf Afroamerikaner abzielen. So entsteht das, was Kriminologen "die neue Apartheid Amerikas" nennen.[105]

Auch wenn die Verbrechensraten in den Vereinigten Staaten hoch sind, liegen sie nicht außerhalb des Bereichs anderer Industriegesellschaften – abgesehen von Morden mit Schusswaffen, die das US-Waffenrecht widerspiegeln. Hingegen ist die Angst vor Verbrechen sehr ausgeprägt und wächst weiter, größtenteils "aufgrund verschiedener Einflussfaktoren, die wenig oder nichts mit Verbrechen an sich zu tun haben", wie eine Studie der *National Criminal Justice Commission* und weitere Studien folgern. Zu diesen Einflussfaktoren gehören bestimmte Medienpraktiken und "die Rolle, die die Regierung und die Privatindustrie im Schüren von Angst in der Bevölkerung" spielen. Der hauptsächliche Fokus ist ganz spezifischer Natur, er liegt zum Beispiel auf Drogenkonsumenten in Armenvierteln, nicht aber auf Kriminellen in Führungsetagen – und das, obwohl das Justizministerium schätzt, dass die durch Konzernverbrechen verursachten Kosten diejenigen von Straßenverbrechen um das 7- bis 25-fache überschreiten. Arbeitsbedingte Todesfälle kommen sechsmal häufiger als Morde vor, und auch die Umweltverschmutzung fordert einen weit größeren Tribut als Tötungsdelikte.[106]

Die "gefährlichen Klassen"

Studien von Experten sind wiederholt zu dem Ergebnis gelangt, dass "zwischen der Schwere eines Verbrechens und der Zahl der für dieses Verbrechen Inhaftierten keine direkte Verbindung besteht" (so eine Äußerung der EU-Kommission). Zudem haben etliche Kriminologen betont, dass zwischen der "Eindämmung der Verbrechen" und den jeweiligen Verbrechen ein geringer Zusammenhang besteht, während sie bei der Kontrolle der "gefährlichen Klassen" eine wichtige Rolle spielt; dies sind heute diejenigen, die durch das sozioökonomische Modell an den Rand gedrängt werden. Dieses Modell ist konstruiert, um das scharf in zwei Klassen getrennte Strukturmodell der Drittweltländer zu globalisieren. Wie sogleich ersichtlich wurde, zielte der jüngste "Krieg gegen die Drogen" in erster Linie auf schwarze Männer. Entwicklungstrends im Drogenkonsum genügten, um dies zu zeigen. Durch das Ergreifen dieser Maßnahmen, stellte Senator Daniel Patrick Moynihan fest, "entscheiden wir uns, ein riesiges Kriminalitätsproblem zu haben, das auf Minderheiten zielt." "Die Kriegsplaner wussten genau, was sie taten", erläutert der Kriminologe Michael Tonry und beschreibt die Details – auch die rassistischen Prozeduren, die das System von der Festnahme bis zur Verurteilung durchdringen. Das ist zum Teil (aber nicht gänzlich) dem engen Zusammenhang zwischen Rasse und Klasse zuzuschreiben.[107]

Wie gemeinhin anerkannt wird, hat der "Krieg gegen die Drogen" keinen merklichen Effekt auf den Drogenkonsum oder auf den Straßenpreis und ist viel ineffektiver als Bildungs- oder Förderprogramme. Daraus folgt jedoch nicht, dass er keinem Zweck dienen würde. Er entspricht “sozialen Säuberungen” – dem Entfernen oder Beseitigen “austauschbarer Menschen” –, die von staatlichen Terrorkräften in Kolumbien und anderen Terrorstaaten betrieben werden. Dadurch wird auch die übrige Bevölkerung in Schrecken versetzt – es ist eine Standardmethode, um für Gehorsam zu sorgen. Diese Art der Politik macht viel Sinn und ist Teil eines Programms, das den Reichtum radikal konzentriert hat, während die Lebensbedingungen und die Einkommen der Bevölkerungsmehrheit stagnieren oder zurückgehen. Daher ist die Forderung des Kongresses nur logisch, Richtlinien für Gerichtsurteile und politische Leitlinien als “unangemessen” zurückzuweisen, wenn Fragen wie Armut, Mangel, soziale Beziehungen usw. berücksichtigt werden. Derartige Forderungen sind, wie der Kriminologe Nils Christie bemerkt, der europäischen Kriminalpolitik genau entgegengesetzt. Vernünftig sind sie indes unter der Annahme, dass der Kongress, “mit seiner egalitären Rhetorik, den Verbrechensprozess als riesengroßen Motor zur Bevölkerungskontrolle betrachtet” (wie der ehemalige Oberste Richter Bazelon bemerkte).[108]

Die “Verbrechenskontrollindustrie”

Die enormen Ausmaße der an Größe zunehmenden “Verbrechenskontrollindustrie” haben die Aufmerksamkeit der Finanzbranche und der Industrie erregt, die sie als eine weitere Form der wirtschaftlichen Regierungsintervention willkommen heißen – als keynesianischen Impuls, der in seinen Ausmaßen bald in die Nähe des Pentagon-Systems kommen könnte, wie manche erwarten. "Die Geschäfte füllen unsere Kassen", berichtet das *Wall Street Journal*, so z.B. jene der Bauindustrie, der Anwaltskanzleien, des boomenden privaten Gefängniskomplexes und der "erhabensten Namen der Finanzbranche" wie *Goldman Sachs*, *Prudential* und andere, die "gegeneinander konkurrieren, um den Gefängnisbau mit privaten und steuerfreien Anleihen zu übernehmen." Zu ihnen gesellen sich auch die "Verteidigungskonzerne", die in einer hochtechnologischen Überwachung und in Kontrollsystemen, die der Große Bruder* zu bewundern gewusst hätte, "eine neue Art von Geschäft wittern." Wie bereits erwähnt bietet die Branche für Konzerne darüber hinaus neue Möglichkeiten zur Nutzung der Gefangenenarbeit.[109]

Andere internationale Abkommen, die dem Kongress vorgelegt wurden, sind in gleicher Weise in die Schranken gewiesen worden, weil sie sich "nicht von selbst verwirklichen" würden – d.h. sie haben größtenteils symbolische Bedeutung. Die Tatsache, dass Abkommen – selbst wenn sie unterzeichnet worden sind – von US-Gerichten als nicht durchsetzbar erklärt werden, war eine "Hauptbesorgnis" der UN-Menschenrechtskommission und der Menschenrechtsorganisationen. Die Kommission äußerte auch ihre Sorge, dass "Armut und mangelnder Zugang zu

---

* aus George Orwells Roman 1984 (Anm. d. Übers.)

Bildung die Möglichkeiten der zu diesen Gruppen gehörenden Menschen dahingehend beeinträchtigt, die Rechte des [ICCPR] unter gleichen Bedingungen wahrnehmen zu können." Das gilt sogar für diese Subkategorie der Allgemeinen Menschenrechte, welche die Vereinigten Staaten zu unterstützen vorgeben. Während die Kommission (zu Recht) das amerikanische Engagement für die Redefreiheit lobte, stellte sie zugleich das von Washington geäußerte Prinzip infrage, dass "Geld eine Art zu reden ist." Dieses Prinzip haben die Gerichte in jüngster Zeit gestützt, was weitreichende Auswirkungen auf das Wahlsystem mit sich brachte.[110]

Die Vereinigten Staaten sind weltweit einer der Führer in der Verteidigung der Redefreiheit, seit den 60er Jahren vielleicht der einzige.[111] Im Hinblick auf zivile und politische Rechte belegt die US-amerikanische Geschichte im Vergleich zu der Geschichte anderer Nationen einen der vordersten Plätze, obwohl eine genauere Beurteilung die Bedingungen zur Wahrnehmung dieser Rechte in Betracht ziehen müsste. Zudem wäre die "beschleunigte Erosion des Rechtstaatsprinzips und des Menschenrechtsschutzes in den Vereinigten Staaten" zu beachten, denn "US-Behörden untergruben auf bundesstaatlicher und nationaler Ebene die Rechte schutzloser Gruppen, was 1996 zu einem beunruhigenden Jahr für die Menschenrechte werden ließ." Der Präsident versagte nicht nur "im Schutz der angegriffenen Rechte", sondern übernahm mitunter auch "die Vorreiterrolle in dem Versuch, den Schutz der Menschenrechte zu beseitigen."[112] Die sozialen und wirtschaftlichen Bestimmungen der Allgemeinen Menschenrechte und anderer Abkommen gibt es nur deshalb, weil jahrelange öffentliche Bewegungen ihnen Substanz verliehen haben. Die frühere Geschichte der Menschenrechte im Staatsgebiet der Vereinigten Staaten ist beschämend, und im Ausland eine Schande. Die Beschuldigung der "relativistischen Haltung", die gegen andere erhoben wird, trifft genau ins Schwarze, doch zur gleichen Zeit riecht sie nach Heuchelei.

Die Realität jedoch bleibt die meiste Zeit "im Dunkeln verborgen, ohne dass ein offizielles Verbot nötig wäre."

Anmerkungen

1. So der Historiker David Fromkin, *New York Times Book Review*, 4. Mai 1997, in einer Zusammenfassung der neuesten Arbeiten. Thomas Friedman, *New York Times*, 12. Januar 1992.

2. Bernard Crick, *Times Literary Supplement*, 15. September 1972; nachgedruckt in der "Everyman's Library"-Edition von *Animal Farm*.

3. Howard, "The Bewildered American Raj", *Harper's*, vom März 1985.

4. William Earl Weeks, *John Quincy Adams and American Global Empire* (Lexington: Kentucky, 1992), 193.

5. Audrey R. und George McT. Kahin, *Subversion as Foreign Policy* (New York: New Press, 1995), 30. Für das britische Gegenstück siehe John Saville, *The Politics of Continuity* (London: Verso, 1993), 156f.; für einen umfangreicheren Hintergrund siehe Mark Curtis, *The Ambiguities of Power: British Foreign Policy Since 1945* (London: Zed, 1995).

6. U.S. Commerce Department, 1984, zitiert von Howard Wachtel, *The Money Mandarins* (Armonk, NY: M.E. Sharpe, 1990), 44.

7. *Business Week*, 7. April 1975.

8. Eric Helleiner, *States and the Reemergence of Global Finance* (Ithaca, London: Cornell U. Pess, 1994), 58-62. Hervorhebung von Eric Helleiner.

9. *Comparative Politics*, Januar 1981.

10. Chomsky und Herman, *The Political Economy of Human Rights* (Boston: South End, 1979), I, Kapitel 2.1.1. Herman, *Real Terror Network* (Boston: South End, 1982), 126ff.

11. Joseph Wronka, *Human Rights and Social Policy in the 21st Century* (Lanham, MD: University Press of America, 1992). Er zitiert das Urteil aus dem Prozess von Filartiga gegen Pena (1980). Für weitere Fälle siehe seinen Essay "Human Rights" in R. Edwards (Hrsg.), *Encyclopedia of Social Work* (Washington: NASW, 1995), 1405-18.

12. Sciolino, *New York Times*, 15. Juni 1993.

13. Alan Riding, *New York Times*, 26. Juni 1993.

14. William Hartung, *And Weapons for All* (New York: HarperCollins, 1994); Hartung, *Nation*, 30. Januar 1995. Der Forschungsdienst des Kongresses (CRS) berichtete, dass die USA 1992 für 57% der Waffenverkäufe an die Dritte Welt verantwortlich waren; *Financial Times*, 23. Juli 1993. Der CRS berichtete des Weiteren, dass unter den 11 führenden Waffenverkäufern an "Entwicklungsländer" im Zeitraum von 1989 bis 1996 die USA über 45% der Waffenlieferungen tätigten, Großbritannien 26%. Richard Grimmett, "Conventional Arms Transfers to Developing Nations, 1989-1996" (CRS, Washington); Jim Mann, *Los Angeles Times*, 8. Oktober 1997.

15. Über britische Waffenverkäufe an Indonesien, die 1978 begannen, als die Massenabschlachtung in Osttimor ihren Höhepunkt erreichte und unter Thatcher scharf anstieg, als die Grausamkeiten weitergingen (auch in Indonesien), siehe John Taylor, *Indonesia's Forgotten War: The Hidden History of East Timor* (London: Zed, 1991), 86; John Pilger, *Distant Voices* (London: Vintage, 1992), 294-323. Die Politik der Thatcheristen wurde von "Verteidigungsauftragsminister" Alan Clark erläutert: "Meine Verantwortung gilt meinem eigenen Volk. Ich erschöpfe meine Gedanken nicht so mit dem, was eine Gruppe Ausländer einer anderen antut." Ebd., 309. 1998 war Großbritannien, nicht aus Verteidigungsgründen, Indonesiens größter Waffenlieferant geworden, trotz der scharfen Proteste von *Amnesty International*, indonesischen Dissidenten und timoresischen Opfern. Die Waffenverkäufe machen Berichten zufolge mindestens ein Fünftel der bri-

tischen Exporte an Indonesien aus (schätzungsweise 1 Milliarde Pfund), vor allem von der britischen Luftfahrt (Martyn Gregory, "World in Action", Granada-Produktion für ITV, 2. und 9. Juni 1997). Über Ruanda, siehe *Ruanda: Death Despair and Defiance* (London: African Rights, 1994).

16. Jeff Gerth und Tim Weiner, "Arms Makers See a Bonanza in Selling NATO Expansion", *New York Times*, 29. Juni 1997.

17. Internationaler Gerichtshof im Jahre 1986, 27. Juni 1986, General List No. 70.

18. *New York Times*, 29. Oktober 1996; *Boston Globe*, 4. November 1996. *Extra!* (FAIR), Dezember 1987.

19. *Panama, Central America Report* (Guatemala), 4. Februar 1994. Die Vereinigten Staaten legten auch gegen eine Resolution des Sicherheitsrats ein Veto ein (am 23. Dezember 1989, zusammen mit Großbritannien und Frankreich), das die Invasion verurteilte, und stimmten gegen eine Resolution der Generalversammlung, die den Rückzug der "US-bewaffneten Invasionstruppen aus Panama" forderte und die Invasion als einen "ungeheuerlichen Verstoß gegen internationales Recht und gegen die Unabhängigkeit, Souveränität und territoriale Integrität von Staaten" bezeichnete (Sean Cronin, *Irish Times*, 11. August 1990). Die Kirche schätzt, dass bei der intensiven Bombardierung des Armenviertels El Chorrillo in Panama-Stadt über 650 Opfer in Krankenhäusern starben, neben einer unbekannten Zahl anderer. Der von den USA eingesetzte Präsident Endara trat im März 1990 in Hungerstreik, um gegen die Nichteinhaltung der versprochenen Wirtschaftshilfe zu protestieren. Bewohner des Viertels El Chorrillo haben die Vereinigten Staaten auf Schadenersatz vor dem Interamerikanischen Gerichtshof der Menschenrechte angeklagt. *Central America Report*, 19. März 1998.

20. Für eine Übersicht über kürzlich freigegebene und weitere Belege und für die gemeinhin vorgenommene Deutung, siehe Chomsky, *Rethinking Camelot* (Boston: South End, 1993) sowie

"Hamlet without the Prince of Denmark", *Diplomatic History* 20: 3, Sommer 1996.

21. John Shattuck, Stellvertretender Außenminister für Menschenrechte, zitiert von Joseph Wronka, "Toward Building Peace/ Human Rights Cultures: Why is the United States so Resistant?", *American Society of International Law: Interest Group of the U.N. Decade of International Law* (Februar 1997, no. 13).

22. So lautet eine Resolution der UN-Generalversammlung, die "den Terrorismus" verurteilt, "wo und von wem er auch immer begangen wird." Sie wurde mit 153 zu 2 Stimmen angenommen (die Vereinigten Staaten und Israel lehnten ab, nur Honduras enthielt sich); UN-Pressebericht GA/7603, 7. Dezember 1987. Für eine Diskussion siehe Chomsky, *Necessary Illusions* (Boston: South End, 1989), 84f; 269ff. Für mehr über dieses Thema siehe Chomsky, *Pirates and Empires* (New York: Claremont, 1986; Montreal: Black Rose, 1987; Amana, 1988); Alexander George (Hrsg.), *Western State Terrorism* (London: Polity, 1991).

23. Chomsky und Herman, oben zitiert, I, Kap. 3.4.4; *Chomsky, Towards a New Cold War* (New York: Pantheon, 1992); Taylor, oben zitiert.

24. Peter Kornbluh, *Nicaragua: The Price of Intervention* (Washington: Institute for Policy Studies, 1987), Kap. 1; Walter LaFeber, *Inevitable Revolutions* (New York: Norton, 1983), 239. Über die blutigen Ereignisse unter Carter und Christopher in El Salvador, siehe Chomsky, *Towards a New Cold War*, 35ff; Herman, oben zitiert, 181ff; Chomsky, *Turning the Tide* (Boston: South End, 1985), 14f, 101ff. Der US-gestützte Terrorismus in der Region nahm unter Reagan stark zu, wie allgemein bekannt ist (ebd. und zahlreiche andere Quellen).

25. Für einige wenige vereinzelte Ausnahmen, siehe Anmerkung 68 unten.

26. Low, *Trading Free* (New York: Twentieth Century Fund, 1993), 70ff, 271. Shafiqul Islam, *Foreign Affairs, America and the World* (Winter 1989-90).

27. Für eine Diskussion unter dem besonderen Gesichtspunkt des Protektionismus, siehe Paul Bairoch, *Economics and World History* (Chicago: Univ. of Chicago Press, 1993). Siehe, neben vielen weiteren Quellen, Frederic Clairmonts klassische Studie *The Rise and Fall of Economic Liberalism* (Asia Publishing House, 1960), nachgedruckt und aktualisiert (Third World Network: Penang and Goa, 1996). Über die allgemeine Situation, siehe Chomsky, *World Orders, Old and New* (New York: Columbia U. Press, 1994, aktualisiert 1996), 2. Kapitel. Über die geschichtliche Rolle des Staatssystems (oft militärisch) in der wirtschaftlichen Entwicklung der Vereinigten Staaten, siehe Nathan Rosenberg, *Inside the Black Box* (Cambridge: Cambridge U. Press, 1982); John Tirman (Hrsg.), *The Militarization of High Technology* (Cambridge MA: Ballinger, 1984); Merritt Roe Smith (Hrsg.), *Military Enterprise and Technological Change* (Cambridge MA; MIT Press, 1985); Richard Nelson (Hrsg.), *National Innovation Systems* (Oxford: Oxford U. Press, 1993); sowie zahlreiche spezielle Studien. Über die wachsende Kluft zwischen Erster und Dritter Welt, siehe UNDP, *Human Development Report*, 1992, 1994. Für eine Diskussion, siehe *World Orders*, 2. Kap.; Eric Toussaint & Peter Drucker (Hrsg.), *IMF/World Bank/WTO, Notebooks for Study and Research* 24/5, 1995, Internationales Institut für Forschung und Bildung, Amsterdam. Über die Situation innerhalb der Vereinigten Staaten, siehe besonders das alle zwei Jahre veröffentlichte *The State of Working America of the Economic Policy Institute*. Die neueste Ausgabe ist jene von Lawrence Mishel, Jared Bernstein und John Schmitt, *The State of Working America* 1996-1997 (Armonk, NY: M.E. Sharpe, 1997).

28. Internationaler Frauenbund für Frieden und Freiheit (Genf) und Internationales Institut für Menschenrechte, Umwelt und Entwicklung (Kathmandu), *Justice Denied!* (Kathmandu: Karnali Offset Press, 1994).

29. Jules Kagian, Middle East International, 17. Dez. 1993; Middle East Justice Network, Feb.-März 1994. Über die Hintergründe und den Stellenwert der UN-Resolution 194, siehe Thomas und Sally Mallison, *The Palestine Problem in International Law* und *World Order* (New York: Longman, 1986), 4. Kap.

30. Reuters, "Haiti peasant group backs UN sanctions", *Boston Globe*, 18. Juni 1993, S. 68.

31. Über die Politik Carters, siehe Chomsky und Herman, oben zit., II, 54f. Über die Folgejahre, siehe Americas Watch, National Coalition for Haitian Refugees, Jesuit Refugee Service/USA, *No Port in a Storm*, vol. 5.7, Sept. 1993 (N.Y., Washington). Über den Hintergrund in Haiti, siehe u.a. Amy Wilentz, *The Rainy Season* (New York: Simon & Schuster, 1989); Chomsky, *Year 501* (Boston: South End, 1993) [dt. *Wirtschaft und Gewalt*], Kap. 8; Paul Farmer, *The Uses of Haiti* (Monroe ME: Common Courage, 1994); Deidre McFayden, Pierre LaRamèe und der North American Congress on Latin America (NACLA) (Hrsg.), *Haiti: Dangerous Crossroads* (Boston: South End, 1995).

32. America's Watch et al., oben zit., 1.

33. Amy Wilentz, *New Republic*, 9. März 1992; siehe *Year 501* [dt. *Wirtschaft und Gewalt*], Kap. 8, für weitere Details.

34. Larry Rohter, *NYT*, 19. April 1997.

35. Wronka, "Human Rights."

36. Eine Stellungnahme der UN-Kommission für Menschenrechte zu Punkt 8, "The Right to Development", 11. Feb. 1991.

37. Joseph Wronka, "Human Rights Postscript", *American Society of International Law: Human Rights Interest Group Newsletter*, Herbst 1995.

38. Mishel et al., oben zit.

39. *Observer*, 12. Jan. 1997; *Independent*, 24. und 25. Nov. 1996; *Guardian Weekly*, 5. Jan. 1997; *Observer*, 19. Jan. 1997.

40. John Plender, "An accidental revolution", *Financial Times*, 17. Jan. 1997 (42,25% des Bruttoinlandsprodukts von 1978-79 und 1995-96, wie er berichtet). Nach dem Entwicklungsbericht der Weltbank von 1996 erhöhte sich das Budget der britischen Zentralregierung zwischen 1980 und 1994 um fast 10%, in Prozent des (gegenwärtigen) Bruttoinlandsprodukts. Vergleichende Statistiken, Gail Omvedt, *Bulletin of Concerned Asian Scholars* 29.4, Okt.-Dez. 1997.

41. Chomsky, *World Orders*, Kap. 2, und *Powers and Prospects* (Boston: South End, 1996), Kap. 5. UNICEF, *The State of the World's Children 1997* (Oxford: Oxford Univ. Press, 1997).

42. Ebd. UNICEF, *The Progress of Nations 1996* (New York: UNICEF House, 1996).

43. Dem zweitplatzierten Hilfsempfänger, Ägypten, wird Hilfe gewährt, um seine Beteiligung an der amerikanisch-israelischen-Allianz sicherzustellen, ein Herzstück des Systems zur Kontrolle der Öl-produzierenden Regionen und auch ein Grund dafür, warum die Türkei regelmäßig einen der vordersten Plätze unter den Hilfsempfängern belegt.

44. Despouy, *The Realization of Economic, Social, and Cultural Rights*, Commission on Human Rights, Economic and Social Council, e/CN.4/Sub.2/1996/13, 28. Juni 1996.

45. Elizabeth Olson, "West Hinders Inquiry on Dumping as Rights Issue", *NYT*, 5. April 1998.

46. John Hoerr, *American Prospect*, Sommer 1992. Siehe Chomsky, *Year 501* [dt. *Wirtschaft und Gewalt*], Kap. 11.

47. Keith Harper, *Guardian*, 24. Mai 1994; siehe ebd. für das belastende "Check-Off"-Gesetz und andere Mittel, um Arbeiterrechte zu untergraben.

48. *BW*, "The Workplace: Why America Needs Unions, But Not The Kind It Has Now", 23. Mai 1994.

49. Elizabeth Fones-Wolf, *Selling Free Enterprise* (Urbana: U. of Illinois Press, 1994). Über die Hintergründe, siehe Alex Carey, *Taking the Risk out of Democracy* (Urbana: U. of Illinois Press, 1996), eine Sammlung wegweisender Essays über diese Themen.

50. *World Labour Report 1994* (Genf: Veröffentlichungen der Internationalen Arbeiterorganisation, 1994).

51. In the National Interest: *1996 Quadrennial Report on Human Rights and U.S. Foreign Policy* (New York & Washington: Lawyers Committee for Human Rights, 1996).

52. Annan, "The Unpaid Bill That's Crippling the U.N.", *NYT*, 9. März 1998.

53. Barbara Crossette, *NYT*, 27. März 1998.

54. *BW*; siehe die Anm. oben.

55. *WSJ*, 13. Sept. 1993. Über die Fortdauer der Vorgänge in der Erholungsphase der 90er Jahre, siehe Mishel, Bernstein, Schmitt, oben zit.

56. Leitartikel, *Multinational Monitor*, März 1997.

57. Bronfenbrenner, "We'll Close", ebd., basierend auf einer Studie, die sie leitete: "Final Report: The Effects of Plant Closing or Threat of Plant Closing on the Right of Workers to Organize."

58. Paul Wright, "Making Slave Labor Fly", *Prison Legal News*, März 1997; *Covert Action Quarterly*, Frühling 1997.

59. Alex Lichtenstein, "'Through the Rugged Gates of the Penitentiary'", in Melvyn Stokes und Rick Halpern, *Race and Class in the American South Since 1890* (Providence: Berg, 1994).

60. Robert Taylor, *FT*, 13. Juni 1997.

61. John Cassedy, "Who Killed the Middle Class?", *New Yorker*, 16. Oktober 1995.

62. John Liscio, *Barron's*, 15. April 1996.

63. Youssef Ibrahim, *NYT*, 3. Juli 1997.

64. Lawrence Mishel und Jared Bernstein, *The State of Working America: 1994-95* (Armonk: M.E. Sharpe, 1994).

65. Zur Demontage des Bretton-Woods-Systems (besonders auf Initiative der Vereinigten Staaten und Großbritanniens seit den 1970er Jahren), mit seinem Prinzip der Regulierung des Kapitalflusses, um den Handel zu stimulieren und Angriffe auf Sozialprogramme abzuwehren, siehe Helleiner (oben zit.). Über die Modalitäten der gegenwärtigen Marktbeeinflussung durch die Interaktion zwischen Staaten und Konzernen, siehe Peter Cowhey und Jonathan Aronson, *Managing the World Economy: The Consequences of Corporate Alliances* (New York: Council on Foreign Relations Press, 1993); Winfried Ruigrok und Rob van Tulder, *The Logic of International Restructuring* (London: Routledge, 1995).

66. "Are Our Sovereign Rights at Risk?", *The Age* (Melbourne, 4. März 1998). Eine durchgesickerte Version des Vertrages wurde ins Internet gestellt und von öffentlichen Interessengruppen verbreitet. OECD, *Multilateral Agreement on Investment: Consolidated Texts and Commentary* (OLIS, 9. Januar 1997; DAFFE/MAI/97; Confidential). Siehe Scott Nova und Michelle Sforza-Roderick des Preamble Center for Public Policy, Washington, "M.I.A. Culpa", *Nation*, 13. Januar; Martin Khor, "Trade and Investment: Fighting over investors' rights at WTO", *Third World Economics* (Penang), 15. Februar; Laura Eggertson, "Treaty to trim Ottawa's power", *Toronto Globe and Mail*, 3. April; Paula Green, "Global giants: Fears of the supranational", *Journal of Commerce*, 23. April; George Monbiot, "A charter to let loose the multinationals", *Guardian* (Großbritannien), 15. April 1997. Siehe Chomsky, "'Domestic Constituencies'", Z magazine, Mai 1998, für Neueres und weitere Einzelheiten.

67. Ebd.

68. Während der Konferenz in Wien, siehe Alan Riding, "Human Rights: the West Gets Some Tough Questions", Review of the Week, *NYT*, 20. Juni 1993, und besonders Beth Stephens vom Center for Constitutional Rights, "Hypocrisy on Rights", *NYT*, Kommentar, 24. Juni 1993.

69. Crossette, "Snubbing Human Rights", *NYT*, 28. April 1996; "For the U.S., Mixed Success in U.N. Human Rights Votes", *NYT*, 18. Dezember 1995.

70. "The New Attack on Human Rights" Leitartikel in der *NYT*, 10. Dezember 1995.

71. Faison, "China Turns The Tables, Faulting U.S. on Rights", *NYT*, 5. März 1997.

72. *Torture and Ill-Treatment: Israel's Interrogation of Palestinians from the Occupied Territories* (New York: Human Rights Watch, 1994).

73. Moshe Reinfeld, Ha'aretz, 5. März 1998. Amnesty International führt 21 libanesische Gefangene in israelischen Gefängnissen auf, die zwischen 1986 und 1994 auf geheimem Wege aus dem Libanon nach Israel gebracht und zumeist ohne Anklage festgehalten wurden. Die übrigen wurden von israelischen Militärgerichten verurteilt, nach Verbüßen der Strafe jedoch im Gefängnis behalten (Yosef Algazi, ebd.).

74. *Torture and Ill-Treatment; Human Rights & U.S. Security Assistance* (Washington: Amnesty International, Mai 1996).

75. Ebd.

76. Mark Sommers, "Sanctions Are Becoming 'Weapon of Choice'", *CSM*, 3. August 1993. Richard Garfield, Julia Devin und Joy Fausey, "The Health Impact of Economic Sanctions", *Bulletin of the New York Academy of Medicine* 72:2, Winter 1995.

77. Jim Morrell, Center for International Policy, *Inquiry*, 17. April 1978.

78. Gay McDougall, Richard Knight, in Robert Edgar (Hrsg.), Sanctioning Apartheid (Trenton, NJ: Africa World Press, 1990). Garfield, et al., oben zit.

79. Für eine Übersicht, siehe Chomsky, *Year 501* [dt. Wirtschaft und Gewalt], 5. Kapitel. Siehe Kahin & Kahin, oben zit., über die Operationen im Jahre 1958, die in freigegebenen Geheimdokumenten noch immer größtenteils kaschiert sind.

80. Reuters, *NYT*, 8. Dezember 1993, einige Zeilen auf einer der Innenseiten.

81. Irene Wu, *Far Eastern Economic Review*, 30. Juni 1994. Andere Schikanierungsmethoden wurden 1998 enthüllt: Tim Weiner, "U.S. Training of Indonesian Troops Goes On Despite Ban", *NYT*, 17. März; für vollständigere Einzelheiten siehe Alan Nairn, "Indonesia's Killers", *Nation*, 30. März 1998.

82. *Economist*, 2. April 1994. Counterpunch (Institute for Policy Studies), 15. Februar und 15. März 1994.

83. Barbara Crossette, *NYT*, 5. Februar 1992.

84. Kenneth Roth, leitender Direktor, Human Rights Watch, Brief in der *NYT*, 12. April 1997. Trade: Chomsky, *World Orders*, 1. Kap.

85. John Solomon, Associated Press, 18. September 1994 (Titelstory), der Artikel wurde von den größten Zeitungen ignoriert. Für eine ausführliche Erörterung siehe Chomsky, "Democracy Restored", Z magazine, November 1994.

86. Nationaler Sicherheitsberater Anthony Lake, *NYT*, 26. September 1993 und 23. September 1994. Über die Maßnahmen, die zur Anwendung kamen, um der "restaurierten Demokratie" die Programme von Washingtons gescheitertem Kandidaten aufzuzwingen, siehe Chomsky, "Democracy Restored" sowie Powers and Prospects, Kapitel 5. Für umfangreichere Einzelheiten siehe Lisa McGowan, *Democracy Undermined, Economic Justice Denied* (Washington: Development Gap, 1997); Laurie Richardson, *Fee-*

ding Dependency, Starving Democracy (Boston: Grassroots International, 1997).

87. Thomas Kamm und Robert Greenberger, *WSJ*, 15. November 1995.

88. *Denial of Food and Medicine: The Impact oft the U.S. Embargo on Health and Nutrition in Cuba* (Washington: American Association for World Health, Kurzfassung, 1997).

89. Garfield et al., oben zit. Wayne Smith, *In These Times*, 9. Dezember 1996. Anthony Kirkpatrick, The Lancet 358:9040, 30. November 1996 (Cuba Update, Winter 1997). David Marcus, "EU backs off on U.S.-Cuba trade law", *BG*, 12. April 1997. Siehe außerdem Joanne Cameron, "The Cuban Democracy Act of 1992: The International Implications", *Fletcher Forum*, Winter/Frühling 1996; Peter Morici, "The United States, World Trade, and the Helms-Burton Act", *Current History*, Februar 1997.

90. Morris Morley und Chris McGillion, *Washington Report on the Hemisphere* (Council on Hemispheric Affairs), 3. Juni 1997.

91. Brief, *NYT*, 26. Februar 1997.

92. Foreign Relations of the United States, 1961-63, Band XII, *American Republics*, 13f., 33.

93. Eine Resolution, die dem UN-Sicherheitsrat von den Vereinigten Staaten und anderen Ländern vorgeschlagen wurde. Zitiert in *Denial of Food and Medicine.*

94. Richard Smith, "Creative Destruction: Capitalist Development and China's Environment", *New Left Review 222*, März/April 1997. Die Geschichte in der übrigen Region ist ähnlich.

95. Thomas Friedman, *NYT*, 21. und 23. Januar 1993.

96. Sheila Tefft, *Christian Science Monitor*, 22. Dezember 1993. Reese Erlich, *CSM*, 9. Februar 1994. Siehe oben.

97. Philip Shenon, *NYT*, 15. Mai; Sheila Tefft, Fazlur Rahman, *CSM*, 25. Mai; *Multinational Monitor*, Juni 1994. Frank Chaloupka und Adit Laixuthai, *U.S. Trade Policy and Cigarette Smoking in Asia* (Cambridge, MA: National Bureau of Economic Research, April 1996). Siehe Chomsky, *Deterring Democracy* (London: Verso/Vintage, 1991), Kapitel 4 und 5, für Einzelheiten von 1989-1990.

98. Chomsky, *World Orders*, 1. Kap. Javier Giraldo, S.J., *Colombia: the Genocidal Democracy* (Monroe, ME: Common Courage, 1996). *Comobia's Killer Networks: The Military-Paramilitary Partnership and the United States* (New York: Human Rights Watch, 1996). Amnesty International, "Amnesty Action: The Colombia Papers", Winter 1997.

99. *Human Rights Violations in the United States* (New York: Human Rights Watch und Amnesty International, Dezember 1993). Über das Kinderrechtsabkommen, siehe Steven Ratner, *Foreign Policy*, Frühling 1998.

100. Für weitere Beispiele, siehe oben.

101. UNICEF, *State of World's Children. Lynching in All but Name* (New York: Amnesty International, Januar 1994). Associated Press, *Boston Globe*, 2. Juni 1994. Kinderprojekt von Human Rights Watch, *United States: A World Leader in Executing Juveniles* (New York: Human Rights Watch, März 1995).

102. "U.S. executions tainted by bias, says UN report", *LAT-BG*, 4. April 1998.

103. Wronka, *Human Rights and Social Policy*, 5n.

104. Cruel and Usual (New York: Human Rights Watch, März 1997). Steven Donzinger (Hrsg.), *The Real War on Crime: Report of the National Criminal Justice Commission* (New York: Harper-Collins, 1996). Reuters, *NYT*, 23. Juni 1997.

105. Randall Shelden und William Brown, *Criminal Justice* (Belmont CA: Wadsworth, 1997), 12. Kap.; deren Hervorhebung.

106. Donziger, oben zit.

107. Ebd. *Christie, Crime Control as Industry* (London: Routledge, 1993). Tonry, *Malign Neglect – Race, Crime and Punishment in America* (Oxford: Oxford U. Press, 1995). Über die frühere Verwendung des Strafjustizsystems, um die "gefährlichen Klassen" zu kontrollieren, siehe auch Richard Bonnie und Charles Whitebread, *The Marihuana Conviction* (Charlottesville: University Press of Virginia, 1974).

108. Christie, oben zit.

109. Paulette Thomas, *WSJ*, 12. Mai 1994. Christie, oben zitiert; Donziger, oben zit., über "den Gefängnis-Industrie-Komplex"; Randall Shelden, "The Crime Control Industry and the Management of the Surplus Population", Vortrag beim Jahrestreffen der Western Society of Criminology, Honolulu, Februar-März 1997.

110. Wronka, "Human Rights Postcript."

111. Siehe Harry Kalven, *A Worthy Tradition: Freedom of Speech in America* (New York: Harper & Row, 1988).

112. *Human Rights Watch World Report 1997* (New York: Human Rights Watch, 1996).

Allgemeine Erklärung der Menschenrechte

– 10. Dezember 1948 –

PRÄAMBEL

Da die Anerkennung der angeborenen Würde und der gleichen und unveräußerlichen Rechte aller Mitglieder der Gemeinschaft der Menschen die Grundlage von Freiheit, Gerechtigkeit und Frieden in der Welt bildet,

da die Nichtanerkennung und Verachtung der Menschenrechte zu Akten der Barbarei geführt haben, die das Gewissen der Menschheit mit Empörung erfüllen, und da verkündet worden ist, dass einer Welt, in der die Menschen Rede- und Glaubensfreiheit und Freiheit von Furcht und Not genießen, das höchste Streben des Menschen gilt,

da es notwendig ist, die Menschenrechte durch die Herrschaft des Rechtes zu schützen, damit der Mensch nicht gezwungen wird, als letztes Mittel zum Aufstand gegen Tyrannei und Unterdrückung zu greifen,

da es notwendig ist, die Entwicklung freundschaftlicher Beziehungen zwischen den Nationen zu fördern,

da die Völker der Vereinten Nationen in der Charta ihren Glauben an die grundlegenden Menschenrechte, an die Würde und den Wert der menschlichen Person und an die

Gleichberechtigung von Mann und Frau erneut bekräftigt und beschlossen haben, den sozialen Fortschritt und bessere Lebensbedingungen in größerer Freiheit zu fördern,

da die Mitgliedstaaten sich verpflichtet haben, in Zusammenarbeit mit den Vereinten Nationen auf die allgemeine Achtung und Einhaltung der Menschenrechte und Grundfreiheiten hinzuwirken,

da ein gemeinsames Verständnis dieser Rechte und Freiheiten von größter Wichtigkeit für die volle Erfüllung dieser Verpflichtung ist,

verkündet die Generalversammlung

diese Allgemeine Erklärung der Menschenrechte als das von allen Völkern und Nationen zu erreichende gemeinsame Ideal, damit jeder einzelne und alle Organe der Gesellschaft sich diese Erklärung stets gegenwärtig halten und sich bemühen, durch Unterricht und Erziehung die Achtung vor diesen Rechten und Freiheiten zu fördern und durch fortschreitende nationale und internationale Maßnahmen ihre allgemeine und tatsächliche Anerkennung und Einhaltung durch die Bevölkerung der Mitgliedstaaten selbst wie auch durch die Bevölkerung der ihrer Hoheitsgewalt unterstehenden Gebiete zu gewährleisten.

Artikel 1

Alle Menschen sind frei und gleich an Würde und Rechten geboren. Sie sind mit Vernunft und Gewissen begabt und sollen einander im Geiste der Brüderlichkeit begegnen.

Artikel 2

Jeder hat Anspruch auf alle in dieser Erklärung verkündeten Rechte und Freiheiten, ohne irgendeinen Unterschied, etwa nach Rasse, Hautfarbe, Geschlecht, Sprache, Religion, politischer oder sonstiger Anschauung, nationaler oder sozialer Herkunft, Vermögen, Geburt oder sonstigem Stand.

Des weiteren darf kein Unterschied gemacht werden auf Grund der politischen, rechtlichen oder internationalen Stellung des Landes oder Gebietes, dem eine Person angehört, gleichgültig ob dieses unabhängig ist, unter Treuhandschaft steht, keine Selbstregierung besitzt oder sonst in seiner Souveränität eingeschränkt ist.

Artikel 3

Jeder hat das Recht auf Leben, Freiheit und Sicherheit der Person.

Artikel 4

Niemand darf in Sklaverei oder Leibeigenschaft gehalten werden; Sklaverei und Sklavenhandel in allen ihren Formen sind verboten.

Artikel 5

Niemand darf der Folter oder grausamer, unmenschlicher oder erniedrigender Behandlung oder Strafe unterworfen werden.

Artikel 6

Jeder hat das Recht, überall als rechtsfähig anerkannt zu werden.

Artikel 7

Alle Menschen sind vor dem Gesetz gleich und haben ohne Unterschied Anspruch auf gleichen Schutz durch das Gesetz. Alle haben Anspruch auf gleichen Schutz gegen jede Diskriminierung, die gegen diese Erklärung verstößt, und gegen jede Aufhetzung zu einer derartigen Diskriminierung.

Artikel 8

Jeder hat Anspruch auf einen wirksamen Rechtsbehelf bei den zuständigen innerstaatlichen Gerichten gegen Handlungen, durch die seine ihm nach der Verfassung oder nach dem Gesetz zustehenden Grundrechte verletzt werden.

Artikel 9

Niemand darf willkürlich festgenommen, in Haft gehalten oder des Landes verwiesen werden.

Artikel 10

Jeder hat bei der Feststellung seiner Rechte und Pflichten sowie bei einer gegen ihn erhobenen strafrechtlichen Beschuldigung in voller Gleichheit Anspruch auf ein gerechtes und öffentliches Verfahren vor einem unabhängigen und unparteiischen Gericht.

Artikel 11

1. Jeder, der einer strafbaren Handlung beschuldigt wird, hat das Recht, als unschuldig zu gelten, solange seine Schuld nicht in einem öffentlichen Verfahren, in dem er alle für seine Verteidigung notwendigen Garantien gehabt hat, gemäß dem Gesetz nachgewiesen ist.

2. Niemand darf wegen einer Handlung oder Unterlassung verurteilt werden, die zur Zeit ihrer Begehung nach innerstaatlichem oder internationalem Recht nicht strafbar war. Ebenso darf keine schwerere Strafe als die zum Zeitpunkt der Begehung der strafbaren Handlung angedrohte Strafe verhängt werden.

Artikel 12

Niemand darf willkürlichen Eingriffen in sein Privatleben, seine Familie, seine Wohnung und seinen Schriftverkehr oder Beeinträchtigungen seiner Ehre und seines Rufes ausgesetzt werden. Jeder hat Anspruch auf rechtlichen Schutz gegen solche Eingriffe oder Beeinträchtigungen.

Artikel 13

1. Jeder hat das Recht, sich innerhalb eines Staates frei zu bewegen und seinen Aufenthaltsort frei zu wählen.

2. Jeder hat das Recht, jedes Land, einschließlich seines eigenen, zu verlassen und in sein Land zurückzukehren.

Artikel 14

1. Jeder hat das Recht, in anderen Ländern vor Verfolgung Asyl zu suchen und zu genießen.

2. Dieses Recht kann nicht in Anspruch genommen werden im Falle einer Strafverfolgung, die tatsächlich auf Grund von Verbrechen nichtpolitischer Art oder auf Grund von Handlungen erfolgt, die gegen die Ziele und Grundsätze der Vereinten Nationen verstoßen.

Artikel 15

1. Jeder hat das Recht auf eine Staatsangehörigkeit.

2. Niemandem darf seine Staatsangehörigkeit willkürlich entzogen noch das Recht versagt werden, seine Staatsangehörigkeit zu wechseln.

Artikel 16

1. Heiratsfähige Männer und Frauen haben ohne jede Beschränkung auf Grund der Rasse, der Staatsangehörigkeit oder der Religion das Recht, zu heiraten und eine Familie zu gründen. Sie haben bei der Eheschließung, während der Ehe und bei deren Auflösung gleiche Rechte.

2. Eine Ehe darf nur bei freier und uneingeschränkter Willenseinigung der künftigen Ehegatten geschlossen werden.

3. Die Familie ist die natürliche Grundeinheit der Gesellschaft und hat Anspruch auf Schutz durch Gesellschaft und Staat.

Artikel 17

1. Jeder hat das Recht, sowohl allein als auch in Gemeinschaft mit anderen Eigentum innezuhaben.

2. Niemand darf willkürlich seines Eigentums beraubt werden.

Artikel 18

Jeder hat das Recht auf Gedanken-, Gewissens- und Religionsfreiheit; dieses Recht schließt die Freiheit ein, seine Religion oder seine Weltanschauung zu wechseln, sowie die Freiheit, seine Religion oder seine Weltanschauung allein oder in Gemeinschaft mit anderen, öffentlich oder privat durch Lehre, Ausübung, Gottesdienst und Kulthandlungen zu bekennen.

Artikel 19

Jeder hat das Recht auf Meinungsfreiheit und freie Meinungsäußerung; dieses Recht schließt die Freiheit ein, Meinungen ungehindert anzuhängen sowie über Medien jeder Art und ohne Rücksicht auf Grenzen Informationen und Gedankengut zu suchen, zu empfangen und zu verbreiten.

Artikel 20

1. Alle Menschen haben das Recht, sich friedlich zu versammeln und zu Vereinigungen zusammenzuschließen.

2. Niemand darf gezwungen werden, einer Vereinigung anzugehören.

Artikel 21

1. Jeder hat das Recht, an der Gestaltung der öffentlichen Angelegenheiten seines Landes unmittelbar oder durch frei gewählte Vertreter mitzuwirken.

2. Jeder hat das Recht auf gleichen Zugang zu öffentlichen Ämtern in seinem Lande.

3. Der Wille des Volkes bildet die Grundlage für die Autorität der öffentlichen Gewalt; dieser Wille muss durch regelmäßige, unverfälschte, allgemeine und gleiche Wahlen mit geheimer Stimmabgabe oder einem gleichwertigen freien Wahlverfahren zum Ausdruck kommen.

Artikel 22

Jeder hat als Mitglied der Gesellschaft das Recht auf soziale Sicherheit und Anspruch darauf, durch innerstaatliche Maßnahmen und internationale Zusammenarbeit sowie unter Berücksichtigung der Organisation und der Mittel jedes Staates in den Genuss der wirtschaftlichen, sozialen und kulturellen Rechte zu gelangen, die für seine Würde und die freie Entwicklung seiner Persönlichkeit unentbehrlich sind.

Artikel 23

1. Jeder hat das Recht auf Arbeit, auf freie Berufswahl, auf gerechte und befriedigende Arbeitsbedingungen sowie auf Schutz vor Arbeitslosigkeit.

2. Jeder, ohne Unterschied, hat das Recht auf gleichen Lohn für gleiche Arbeit.

3. Jeder, der arbeitet, hat das Recht auf gerechte und befriedigende Entlohnung, die ihm und seiner Familie eine der menschlichen Würde entsprechende Existenz sichert, gegebenenfalls ergänzt durch andere soziale Schutzmaßnahmen.

4. Jeder hat das Recht, zum Schutze seiner Interessen Gewerkschaften zu bilden und solchen beizutreten.

Artikel 24

Jeder hat das Recht auf Erholung und Freizeit und insbesondere auf eine vernünftige Begrenzung der Arbeitszeit und regelmäßigen bezahlten Urlaub.

Artikel 25

1. Jeder hat das Recht auf einen Lebensstandard, der seine und seiner Familie Gesundheit und Wohl gewährleistet, einschließlich Nahrung, Kleidung, Wohnung, ärztliche Versorgung und notwendige soziale Leistungen, sowie das Recht auf Sicherheit im Falle von Arbeitslosigkeit, Krankheit, Invalidität oder Verwitwung, im Alter sowie bei anderweitigem Verlust seiner Unterhaltsmittel durch unverschuldete Umstände.

2. Mütter und Kinder haben Anspruch auf besondere Fürsorge und Unterstützung. Alle Kinder, eheliche wie außereheliche, genießen den gleichen sozialen Schutz.

Artikel 26

1. Jeder hat das Recht auf Bildung. Die Bildung ist unentgeltlich, zum mindesten der Grundschulunterricht und die grundlegende Bildung. Der Grundschulunterricht ist obligatorisch. Fach- und Berufsschulunterricht müssen allgemein verfügbar gemacht werden, und der Hochschulunterricht muss allen gleichermaßen entsprechend ihren Fähigkeiten offenstehen.

2. Die Bildung muss auf die volle Entfaltung der menschlichen Persönlichkeit und auf die Stärkung der Achtung vor den Menschenrechten und Grundfreiheiten gerichtet sein. Sie muss zu Verständnis, Toleranz und Freundschaft zwischen allen Nationen und allen rassischen oder religiösen Gruppen beitragen und der Tätigkeit der Vereinten Nationen für die Wahrung des Friedens förderlich sein.

3. Die Eltern haben ein vorrangiges Recht, die Art der Bildung zu wählen, die ihren Kindern zuteil werden soll.

Artikel 27

1. Jeder hat das Recht, am kulturellen Leben der Gemeinschaft frei teilzunehmen, sich an den Künsten zu erfreuen und am wissenschaftlichen Fortschritt und dessen Errungenschaften teilzuhaben.

2. Jeder hat das Recht auf Schutz der geistigen und materiellen Interessen, die ihm als Urheber von Werken der Wissenschaft, Literatur oder Kunst erwachsen.

Artikel 28

Jeder hat Anspruch auf eine soziale und internationale Ordnung, in der die in dieser Erklärung verkündeten Rechte und Freiheiten voll verwirklicht werden können.

Artikel 29

1. Jeder hat Pflichten gegenüber der Gemeinschaft, in der allein die freie und volle Entfaltung seiner Persönlichkeit möglich ist.

2. Jeder ist bei der Ausübung seiner Rechte und Freiheiten nur den Beschränkungen unterworfen, die das Gesetz ausschließlich zu dem Zweck vorsieht, die Anerkennung und Achtung der Rechte und Freiheiten anderer zu sichern und den gerechten Anforderungen der Moral, der öffentlichen Ordnung und des allgemeinen Wohles in einer demokratischen Gesellschaft zu genügen.

3. Diese Rechte und Freiheiten dürfen in keinem Fall im Widerspruch zu den Zielen und Grundsätzen der Vereinten Nationen ausgeübt werden.

Artikel 30

Keine Bestimmung dieser Erklärung darf dahin ausgelegt werden, dass sie für einen Staat, eine Gruppe oder eine Person irgendein Recht begründet, eine Tätigkeit auszuüben oder eine Handlung zu begehen, welche die Beseitigung der in dieser Erklärung verkündeten Rechte und Freiheiten zum Ziel hat.